에덴동산에서 쫓겨난 것은 저주인가?

에덴동산에서 쫓겨난 것은 저주인가?

- 7가지 질문으로 창세기 다시 보기 -

권성권 지음

프롤로그

성경을 읽을 때마다 깨닫는 것이 있었습니다. 7가지 패턴이 있다는 게 그것입니다. 하나님께서 인간에게 먼저 찾아와 주시고, 그 인간과 관계를 맺어 진리와 생명의 길로 이끌어 주시고, 그런 인간의 연약함 속에서도 긍휼과 자비의 은혜를 잃지 않으시고, 그런 연약한 인간을 통해 하나님 나라의 사명을 완수케 하셔서, 마침내 영원한 안식의 나라로 이끌어 가신다는 사실입니다.

그런 모습은 창세기에도 나타나 있었습니다. 하나님께서 인간의 삶을 위한 지평을 열어주시고, 하나님의 형상 곧 창조적인 지혜를 불어 넣어주시고, 그러나 인간의 연약함 속에서 죄를 짓는데, 하나님께서는 당신의 언약 속에서 긍휼과 자비를 베풀어 주셔서, 마침내 하나님 나라를 향한 사명을 다하게 하셔서 영원한 하나님 나라로 부르신다는 것 말입니다.

그래서 창세기를 따라 읽으면서 7가지 질문들을 던져봤습니다. 그것을 좀 더 세분화하면 '원시 사건 속에 담긴 7가지 질문', '노아의 홍수 속에 담긴 7가지 질문', '아브라함의 이야기 속에 담긴 7가지 질문', '이삭의 이야기 속에 담긴 7가지 질문', 그리고 '야곱의 족보에 담긴 7가지 질문'이었습니다. 그와 같은 7가지 질문들만 잘 따라가도 창세기를 전체적으로 읽을 수 있지 않을까 싶었습니다.

　물론 그런 7가지 질문에 대한 해답은 대부분 성경 본문을 통해 깨닫게 되었습니다. 하지만 창세기의 본문 속에 모든 해답이 들어 있는 것은 아니었습니다. 그럴 때는 다른 성경의 말씀을 통해 그 의미를 깨닫게 되었고, 정말로 난해한 부분은 다른 참고 서적이나 해외 사이트의 자료를 통해 얻게 되었습니다. 그 모든 일들은 성령님께서 인도해 주신 은혜였습니다.

　그렇듯 이 책은 그런 7가지 질문과 해답을 통해 창세기를 다시금 읽어나가는 과정을 담고 있습니다. 이전에 읽었던 책들과 내용이 겹칠지도 모르겠습니다. 저도 먼저 연구하신 분들의 자료를 참고했으니 그럴 수밖에 없을 것입니다. 다만 히브리어 단어나 유대 전승과 관련해서 새롭게 깨달은 부분도 많았습니다. 그런 점들은 정말로 놀랍고 신비로울 것입니다. 마지막 부분에는 그 질문과 해답을 통해 더 깊이 묵상할 만한 말씀도 넣었습니다. 그 역시 성령님께서 부어주신 은혜였습니다.

원시 사건 속에 담긴 7가지 질문

Q1. 하나님께서 창세기를 기록하게 하신 목적이 무엇일까?

Q2. 첫날부터 여섯째날의 창조, 첫날의 '빛', 일곱째날의 '안식'은 무슨 의미일까?

Q3. 하나님께서 왜 인간을 '흙'으로 만드셨나?

Q4. 아담과 하와를 에덴동산에 두신 이유는? 그들은 그곳에서 일하지 않았다?

Q5. 아담과 하와를 유혹한 뱀은 실제인가? 에덴동산에서 쫓겨난 것은 저주인가?

Q6. 하나님께서 아벨의 제사는 받으시고 가인의 제사를 받지 않으신 이유는?

Q7. 창세기 4장의 족보와 5장의 족보는 어떤 차이가 있나?

노아의 홍수 사건 속에 담긴 7가지 질문

Q1. 노아는 '완전한 자'였다고 소개하는데, 그 의미는 무엇일까?

Q2. 노아가 만든 방주는 얼마나 컸고, 방주는 몇 년 동안 만들었나?

Q3. 노아의 방주를 통해 깨닫는 성경적인 의미는 무엇인가?

Q4. 노아의 방주를 '구원의 방주'라고 하는데 그 안은 천국이었나?

Q5. 노아에게 고기를 피째 먹지 말라 명령하신 이유는?

Q6. 노아의 세 아들 '셈, 함, 야벳'은 태어난 순서인가?

Q7. 술에 취한 노아를 조롱한 이는 함인데, 왜 함의 아들 '가나안'이 저주받았을까?

아브라함의 이야기 속에 담긴 7가지 질문

Q1. 하나님께서는 아브라함에게 언제 찾아오셨나?

Q2. 하나님께서는 아브라함의 실수를 어떻게 감싸주셨는가?

Q3. 아브라함은 롯을 어떻게 구했나?

Q4. 하나님께서 아브라함과 언약을 맺을 때 왜 3년된 짐승을 필요로 하셨나?

Q5. 하나님께서 소돔 성읍을 심판하신 진정한 이유는?

Q6. 하나님께서는 왜 아브라함에게 하갈을 내쫓게 하셨나?

Q7. 아브라함이 믿음의 조상으로 불린 진정한 이유는?

이삭의 이야기 속에 담긴 7가지 질문

Q1. 이삭의 생애 속에 하나님께서 깊이 찾아오신 때는 언제였나?

Q2. 이삭의 아들 에서가 '익숙한 사냥꾼'이었다는 뜻은 뭘까?

Q3. 이삭의 아들 야곱이 '장막에 거주했다'는 의미는 뭘까?

Q4. 이삭이 자기 아내를 여동생이라 속일 때 하나님께서 어떻게 감싸주셨나?

Q5. 이삭이 원했던 '별미'가 주는 의미는?

Q6. 하나님께서 에서에게는 기회를 주지 않으셨나?

Q7. 이삭의 아들 야곱은 왜 라반을 만났을까? 야곱에게 드보라는 어떤 존재였을까?

야곱의 족보 속에 담긴 7가지 질문

Q1. 왜 창세기 37장에 야곱의 족보를 언급했고 그 속에 요셉을 부각시켰나?

Q2. 왜 창세기 38장에 야곱의 아들 유다의 존재감을 드러냈나?

Q3. 야곱의 아들 '요셉'과 그의 아내 '아스낫'이 닮았다?

Q4. 요셉은 언제 어린 시절의 꿈을 떠올렸나? 형들을 만나 어떻게 대했나?

Q5. 야곱은 왜 요셉에게 '에브랏'을 강조했나?

Q6. 야곱이 열두 아들의 '분량대로' 예언했다는 게 무슨 뜻인가?

Q7. 요셉은 왜 자기 유골을 가나안 땅으로 메고 가게 했나?

차례

| 원시 사건 속에 담긴 7가지 질문 |

창세기는 크게 두 부분으로 나눌 수 있습니다. 원시 사건 (Primeval events, 창1:1~11:26)과 족장 이야기(Patriarchal narratives, 창11:27~50:26)가 그것입니다. 물론 그 사건에는 노아의 홍수사건도 포함돼 있습니다. 족장 이야기 속에는 아브라함과 이삭과 야곱의 삶이 담겨 있습니다.[1]

원시 사건(창1:1~창6:8) 속에는 하나님께서 하늘과 땅을 창조하신 모습, 아담과 하와를 에덴동산에 두어 살게 하신 모습, 그들의 타락으로 에덴동산에서 쫓겨난 모습, 가인과 아벨의 제사 모습, 가인의 후예와 에노스의 후예가 각각 담겨 있습니다.

그와 같은 원시 사건을 읽어나가면서 다음과 같은 7가지 질문을 갖게 되었습니다.

첫째 하나님께서 창세기를 기록하게 하신 목적이 무엇일까?

둘째 첫날부터 여섯째 날의 창조, 첫날의 '빛', 일곱째 날의 '안식'은 무슨 의미일까?

셋째 하나님께서 인간을 왜 '땅의 흙'으로 지으셨나?

넷째 아담과 하와를 에덴동산에 두신 이유는? 그들은 그곳에서 일하지 않았나?

다섯째 아담과 하와를 유혹한 뱀은 진짜일까? 에덴동산에서 쫓겨난 것은 저주일까?

여섯째 하나님께서 아벨의 제사는 받으시고 가인의 제사를 받지 않으신 이유는?

일곱째 창세기 4장의 족보와 5장의 족보는 어떤 차이가 있을까?

Q1. 하나님께서 창세기를 기록케 하신 목적이 무엇일까?

창세기는 모세오경의 첫권입니다. 모세가 하나님의 영감을 받아 그 다섯 권의 책들을 모두 기록한 것으로 알려져 있습니다. 물론 모두 두루마리로 된 책이었습니다.[2] 모세가 그것을 기록했다는 것은 구약성경에서(수8:31, 왕상2:3, 왕하14:6, 대하22:13, 스5:18, 느13:1,단9:11, 말4:4) 증언하고 있고, 신약성경(마19:8, 막12:26, 요5:47, 행3:22, 롬10:5)에서도 밝혀주고 있습니다.

일부 성경학자들은 모세오경이 편집된 것으로 추정하기도 합니다. 하나님의 이름이 다르게 나타나 있다는 점, 하나님의 인격을 강조한 부분과 인간의 행위를 강조한 부분이 다르다는 점, 동일한 사건에 대한 내용도 약간씩 다르다는 것 때문입니다. 그런 주장들이 그럴듯하게 들릴지 모르지만 비논리적인 가설에 지나지 않습니다.[3]

출애굽을 경험한 모세와 그와 함께 한 공동체가 하나님의 존재를 알리기 위해서 성경을 기록했다면 어땠을까요? 하나님의 살아계심을 체험한 다양한 입장을 그려내고자 할 수 있습니다. 그만큼 동일한 사건을 겪으면서도 색다른 관점도 언급하고자 했을 수 있기 때문입니다. 그러나 그렇다고 해서 하나님의 존재나 모세와 그 공동체의 기록에 관한 권위가 손상되는 것은 결코 아닙니다.

물론 모세가 죽은 이후의 기록에 대해 궁금해하는 분들도 있습니다. 그것은 구약의 예레미야가 바룩을 대필자(렘36:4~32)로 사용한 것이나, 신약시대의 사도 바울과 베드로 사도가 각기 다른 대필자(롬16:22, 벧전5:12)를 사용한 것을 생각한다면 충분히 공감할 수 있습니다.

중요한 것은 하나님께서 창세기를 기록하게 하신 목적이 무엇인가 하는 점입니다. 그것은 성경 말씀을 기록하게 한 목적과 일치할 것입니다. "하나님의 사람으로 온전하게 하며 모든 선한 일을 행할 능력을 갖추게"(딤후3:17) 하는 데 있는 것 말입니다.

창세기를 기록한 목적도 바로 거기에 있습니다. 하나님께서 천지 만물의 창조주이심을 당대의 고대 근동에 알리는 것입니다. 하나님께서 하늘과 땅과 바다의 모든 주관자이심을 선언하는 것 말입니다. 그것은 그 시대의 사람들이 다양한 신들을 숭배하는 것과 달리 오직 유일하신 하나님을 알고 섬기도록 하는 데 목적이 있었던 것입니다. 그래야 창조주 하나님의 피조물답게 온전하게 살수 있기 때문입니다.

다만 모든 성경은 '하나님의 영감'(딤후3:16)으로 기록된 것처럼 창세기도 마찬가지입니다. 창세기를 기록할 때 모세와 그 공동체 그리고 대필자에게 하나님께서는 성령의 영감을 불어넣어 창세기를 쓰게 하신 것입니다.

물론 성령님께서는 모세나 그 공동체에 속한 이들을 기계적인 영감으로 쓰게 한 것은 아닙니다. 부모가 자식을 사랑하지만 자식의 자율권을 존중하고 보장해 주듯이 성령님께서는 당대의 기록자가 지닌 관점을 존중해 주신 것입니다. 하나님께서는 기계적인 로봇처럼 창세기를 기록케 하신 게 결코 아닙니다.

오늘도 창조주 하나님께서는 인생사용설명서의 첫 페이지와 같은 창세기를 통해 세상 모든 사람들이 유일하신 하나님을 알고, 그 하나님을 믿고, 그 하나님께서 원하시는 선한 삶을 살도록 은혜를 베푸시는 아버지이십니다.

"집마다 지은 이가 있으니 만물을 지으신 이는 하나님이시라"(히3:4)

"낮도 주의 것이요 밤도 주의 것이라 주께서 빛과 해를 마련하셨으며 주께서 땅의 경계를 정하시며 주께서 여름과 겨울을 만드셨나이다." (시74:16~17)

"예수께서 행하신 일이 이 외에도 많으니 만일 낱낱이 기록된다면 이 세상이라도 이 기록된 책을 두기에 부족할 줄 아노라."(요21:25)

Q2. 왜 여섯째 날까지의 창조인가?
첫째날의 '빛'은, 일곱째날의 '안식'는 어떤 의미일까?

사람들은 고대 근동의 창조 신화와 창세기의 창조 기사가 겹친다고 이야기를 합니다. 〈길가메시의 서사시〉에 나오는 홍수 사건과 노아의 홍수 사건을 대조할 때 더욱 그렇다는 것입니다.

그런데 〈길가메시의 서사시〉는 수메르 사람들이 숭배한 신들에 관한 기록입니다. 창세기에 나오는 아브라함의 고향이자 수메르의 도시 국가인 '갈대아 우르'나 메소포타미아의 상업도시인 '하란'도 그들이 섬긴 달신(月神) 숭배의 중심지였습니다. 그들은 자신들이 숭배하던 일곱 신을 따라 '일곱 날짜' 개념을 만든 것으로 전해지고 있습니다. 그리고 후대의 로마인들은 그들의 일곱 날짜 개념을 자신들의 문화에 맞게 적용한 것으로 알려져 있습니다.[4]

그런 점에서 볼 때 하나님께서 첫째날부터 여섯째 날까지 창조하시고 일곱째 날에 안식하셨다고 한 것은 창조 방법과 그 창소의 순서를 과학적으로 알려주고자 한 게 아닙니다. 각각의 날과 그 날 속에 깃든 신들까지도 통치하시는 우주적인 하나님에 대한 선언인 셈입니다. 그런 점을 이해하면 '6천 년의 젊은 지구론' 보다는 '46억 년의 지구론'[5]도 충분히 수용할 수 있을 것입니다. 창세기의 창조 기사는 과학적인 이론을 제시하거나 논증하고자 함이 아니라 고대 근동의 신들을 '탈신화'하려는 깊은 뜻이 담겨 있기 때문입니다. 오직 유일하신 하나님의 전능하심을 알리는 것 말입니다.

물론 하나님께서 첫째 날부터 여섯째 날까지 창조하셨다는 그 모습은 독특합니다. 첫날부터 셋째 날까지는 발판을 만든 모습이고, 넷째 날부터 여섯째 날까지는 채우는 모습[6]입니다. 첫째 날은 어둠과 대조되는 빛을, 둘째 날은 물과 물 아래 곧 대기(atmosphere)와 대양(oceans)을, 셋째 날은 마른 땅과 식물을, 각각 세팅하신 모습입니다. 넷째 날부터 이제 그 빛 안에 해와 달과 별을, 다섯째 날은 물 아래의 물고기와 물 위에 새들을, 여섯째 날은 마른 땅 위에 동물과 그것을 다스릴 사람을, 각각 채워 넣는[7] 모습입니다.

그런데 첫째 날의 빛은 자연계의 빛일까요? 그런 빛들은 하나님께서 넷째 날에 채워 넣으셨다고 밝혀주고 있습니다. 그 빛은 어떤 면에서 보면 근원적인 빛이자 영적인 빛[8]으로 이해할 수 있습니다. 예수님께서도 당신 자신을 '세상의 빛'(요8:12)이라고 말씀해 주셨고, 주님의 자녀들을 '세상의 빛'(마5:14)이라고 칭하기도 하셨습니다. 부활하신 주님께서 다메섹 도상에서 사울을 만나주실 때 정오의 태양보다 더 밝은 빛(행26:13)으로 찾아오셨습니다. 그만큼 첫째날의 빛은 거짓을 드러내는 '공의로운 빛'(말4:2)이자, 죽음과 대조되는 '생명의 빛'(요3:19)입니다. 더욱이 그 빛은 하나님의 존재를 알게 하는(고후4:6) '지혜의 빛'[9]입니다.

창조주 하나님께서는 그 모든 기본적인 것들을 세팅하시고 채워 넣으신 후에 일곱째 날에 안식하셨습니다. '안식하다'는 히브리어 '샤바트'(שבת)는 창조 사역을 마무리하고 쉬셨다는 뜻입니다. 그것은 곧 하나님의 창조 사역은 마쳤지만 이제부터는 인간의 창조 사역이 시작된다는 뜻이기도 합니다. 더욱 중요한 것은 하나님께서 인간을 창조하자마자 '안식'을 먼저 맞이하게 해 주셨다는 점입니다.

그 '안식'과 관련하여 기억해야 할 것이 한 가지 더 있습니다. '안식하다'는 히브리어 '샤바트'(שבת)를 풀어보면 '십자가' 또는 '언약'으로 '돌아가다'는 뜻입니다. '샤바트'(שבת)는 '돌아가다'(turn back)는 뜻의 '슈브'(שוב)와 '십자가' 또는 '언약'을 칭하는 '타브'(ת)의 합성어입니다. 하나님께서 당신의 백성을 향해 "내가 너희 하나님이 되고 너희는 내 백성이 된다"(레26:12)고 하셨습니다. 그것은 십자가에서 죽으신 예수 그리스도를 통해 이루게 하셨습니다.[10] 그렇기에 십자가에서 속죄를 완성하신 예수 그리스도에게로 돌아가는 것이 하나님의 언약 가운데 들어가는 길이요, 그것이 진정한 안식을 누리는 길[11]입니다.

"예수께서 또 말씀하여 이르시되 나는 세상의 빛이니 나를 따르는 자는 어둠에 다니지 아니하고 생명의 빛을 얻으리라."(요8:12)

"수고하고 무거운 짐 진 자들아 다 내게로 오라 내가 너희를 쉬게 하리라 나는 마음이 온유하고 겸손하니 나의 멍에를 메고 내게 배우라 그리하면 너희 마음이 쉼을 얻으리니."(마11:28~29)

"이미 그의 안식에 들어간 자는 하나님이 자기의 일을 쉬심과 같이 그도 자기의 일을 쉬느니라."(히4:10)

Q3. 하나님께서 왜 인간을 '흙'으로 지으셨을까?

왜 하나님께서 인간을 '흙'으로 만드신 것이었을까요? 불변하기로 말한다면 완전한 '금'도 있고, 단단하기로 치면 강력한 '강철'도 있고, 화려한 것으로 따지면 멋진 '대리석'도 있는데 말입니다.

그 이유를 흙의 특성에서 찾기도 합니다. 흙은 '생명', '사랑', '정직', '도구됨'의 특성[12]을 지니고 있다는 것이 그렇습니다. 그것은 말씀의 관점이자 인문학적인 해석의 관점이라 할 수 있습니다. 흙으로부터 모든 생명이 시작되고, 흙은 쓰레기까지도 품고, 콩 심은 데 콩 나고 팥 심은 데 팥 나듯이 흙은 심은 데서 거두고, 그리고 흙은 도자기를 빚어내듯이 도구의 역할을 한다는 점 말입니다.

그런데 하나님께서는 사람만 흙으로 지으신 게 아니었습니다. 각종 들짐승과 공중의 각종 새들까지도 흙으로 지으셨다(창2:19)고 밝혀주고 있습니다.

더 놀라운 점이 있습니다. 우리말 '흙'을 가리키는 히브리어 '아파르'(עָפָר)는 '티끌'(dust, 창18:27), '가루'(powder, 출32:20, 왕하23:6)에 해당되는 말입니다. 한 마디로 '먼지'를 뜻하는 말입니다. 비유적으로 생각하면 흙은 '무가치하다'(worthlessness, 욥22:24)는 뜻을 지니고 있습니다. [13)

　하나님께서 소돔 성읍을 멸하고자 할 때 아브라함이 자기 자신을 티끌, 곧 재와 같은 존재라면서 기도를 올렸습니다. 욥도 티끌과 재 가운데서(욥42:6) 회개한다고 고백한 바 있습니다. 다윗도 아들 압살롬이 쿠데타를 일으켜 예루살렘 왕궁으로 진격해 올 때 도망을 쳤는데, 그때 시므이란 자가 다윗을 향해 돌을 던지고 '먼지를 날린 일'(삼하16:13)이 있습니다. 그때 그가 먼지를 날린 것도 다윗의 무가치함을 표현한 행위 중의 하나였습니다.

　그렇듯 인간은 위대한 것 같지만 실은 티끌과 같은 존재임을 알게 하신 것입니다. 하나님께서는 티끌을 모아 사람과 각종 동물을 만드셨고, 머잖아 본래의 티끌로 돌아가게 하신 것(욥10:9, 욥33:6, 시103:14) 말입니다. 그만큼 하나님께서는 도자기를 빚는 도공(사64:8, 렘18:1~4)처럼 티끌 가운데서 인간과 짐승을 만드신 것입니다.

　물론 인간과 동물 사이에 커다란 차이가 있습니다. 사람은 '하나님의 형상'(창1:26)을 따라 지음받은 존재라는 점입니다. 이때의 '형상'이란 히브리어로 '쩰렘'(צֶלֶם, likeness)인데, 그것은 외형을 가리키는 '페셀'(פֶּסֶל, shape, 출20:4)과는 다른 의미가 있습니다. 단

순히 겉모습을 가리키는 말이 아니라 하나님의 내적인 속성, 곧
'창조적인 형상'[14]이자 '지혜의 형상'을 뜻하는 말입니다.

인간과 동물의 가장 중요한 차이점이 있습니다. 그것은 사람이
죽게 되면 그의 육신은 원재료인 티끌로 돌아가게 되지만 그의
영혼은 하나님께로 돌아간다(전12:7)는 것입니다. 물론 티끌로 돌
아간 육체라 할지라도 예수 그리스도께서 재림하시는 날 새롭고
영화로운 육체로 온전히 변화될 것(고전15:51~54)입니다.

"이 백성은 내가 나를 위하여 지었나니 나를 찬송하게 하려 함이니라."(사43:21)

"대저 여호와는 지혜를 주시며 지식과 명철을 그 입에서 내심이며."(잠2:6)

"흙은 여전히 땅으로 돌아가고 영은 그것을 주신 하나님께로 돌아가기 전에 기억하라."(전12:7)

"이 썩을 것이 반드시 썩지 아니할 것을 입겠고 이 죽을 것이 죽지 아니함을 입으리로다 이 썩을 것이 썩지 아니함을 입고 이 죽을 것이 죽지 아니함을 입을 때에는 사망을 삼키고 이기리라고 기록된 말씀이 이루어지리라."(고전15:53~54)

Q4. 아담과 하와를 에덴동산에 두신 이유는?
그곳에서 그들은 일하지 않았다?

에덴동산은 히브리어로 '기쁨의 정원'(גַּן־עֵדֶן)이란 뜻입니다. '정원'(garden, enclosure)을 칭하는 히브리어 '겐'(גַּן)은 '방어하다', '둘러싸다'(surround)는 뜻인데, 그것은 '가넨'(גָּנַן)에서 파생된 단어[15]입니다. 정원이란 방목하는 짐승들로부터 보호하기 위해 돌담이나 울타리를 둘러친 곳[16]입니다. 마치 성막에 '뜰'(출27:9)을 설치하여 세속적인 가치관을 차단한 것처럼 말입니다.

아담과 하와를 에덴동산에 살게 하신 이유도 바로 거기에 있습니다. 에덴동산에서 하나님을 경외하며 "풀과 씨 맺는 채소와 각기 종류대로 씨 가진 열매 맺는 과목"(창1:11)과 하나님께서 티끌 가운데서 빚어 만든 각종 짐승을 "다스리며 지키게"(창2:15)하는 사명을 통해 기쁨을 누리도록 말입니다. 그것 외에 다른 것에 마음이 빼앗기지 않도록 울타리를 쳐 준 것이었습니다.

그런 차원에서 볼 때 아담과 하와는 그때부터 하나님 앞에서 일하는 존재였음을 알 수 있습니다. 우리말 '다스리다'는 히브리어 '아바드'(עָבַד)는 '일하다'(to labour, to work, 출20:9, 삿9:28), '섬기다'(to serve)는 뜻입니다. 또한 '지키다'는 '샤마르'(שָׁמַר)는 '방어하다'(to guard)는 뜻[17]이 있습니다.

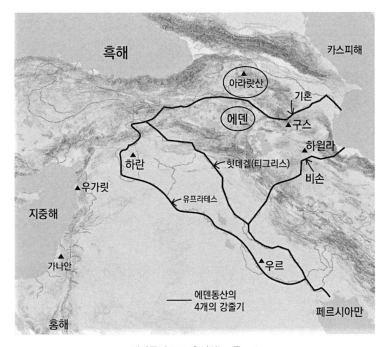

에덴동산으로 추정하는 곳 18)

그만큼 아담과 하와가 에덴동산에서 풀과 채소와 과일나무와 짐승떼를 가꾸고 키우고 지키는 것 자체가 하나님의 명령을 좇아 섬긴 일이었습니다. 그것은 죄의 대가로 주어진 결과가 아니라 본래부터 하나님께 위임받은 일이었습니다. 그 일을 통해 참된 기쁨, 영적인 기쁨을 누리며 살게 하신 것이었습니다.

하나님께서는 에덴동산에 '생명 나무와 선악을 알게 하는 나무'(창2:9)를 두셨습니다. 왜 그것들을 두셨을까요? 생명 나무의 원천이신 창조주 하나님을 의식하면서 살도록 하신 것이었습니다. 그때에만 선악과도 따먹지 않을 수 있고, 그때에만 탐욕에 물들지 않는 겸손한 인간으로 자기 사명을 다하는 참된 기쁨을 누릴 수 있기 때문입니다.

·························· **묵상할 말씀** ··························

"모든 지킬 만한 것 중에 더욱 네 마음을 지키라 생명의 근원이 이에서 남이니라 구부러진 말을 네 입에서 버리며 비뚤어진 말을 네 입술에서 멀리하라 네 눈은 바로 보며 네 눈꺼풀은 네 앞을 곧게 살펴 네 발이 행할 길을 평탄하게 하며 네 모든 길을 든든히 하라 좌로나 우로나 치우치지 말고 네 발을 악에서 떠나게 하라."(잠4:23~27)

"또 그가 수정같이 맑은 생명수의 강을 내게 보이니 하나님과 및 어린 양의 보좌로부터 나와서 길 가운데로 흐르더라 강 좌우에 생명나무가 있어 열두 가지 열매를 맺되 달마다 그 열매를 맺고 그 나무 잎사귀들은 만국을 치료하기 위하여 있더라 다시 저주가 없으며 하나님과 그 어린 양의 보좌가 그 가운데에 있으리니 그의 종들이 그를 섬기며 그의 얼굴을 볼 터이요 그의 이름도 그들의 이마에 있으리라 다시 밤이 없겠고 등불과 햇빛이 쓸 데 없으니 이는 주 하나님이 그들에게 비치심이라 그들이 세세토록 왕 노릇 하리로다."(계22:1~5)

Q5. 아담과 하와를 유혹한 뱀은 진짜일까?
에덴동산에서 쫓겨난 것은 저주일까?

에덴동산에 나타난 뱀은 신화적인 존재가 아닙니다. 하나님께서 각종 짐승들을 흙으로 빚어 만들 때 지은 야생 동물 중 하나(창 1:25)입니다. 그만큼 그 뱀은 실제 생물체로서의 뱀이었습니다.

그렇다면 사탄이 어떻게 뱀 속에 들어가 아담과 하와를 유혹했을까요? 신약성경을 보면 군대 귀신이 돼지떼에게 들어가도록 예수님께서 명령하신 일(막5:12)이 나옵니다. 그 사건을 떠올리면 에덴동산의 사탄이 뱀에게 들어가지 못할 이유가 없다는 걸 알 수 있습니다.

사탄은 그만큼 뱀을 이용한 것이고, 뱀은 사탄의 도구로 전락한 셈이었습니다. 그런 점에서 사탄은 뱀에게 들어온 악마였습니다. 창세기에 나타난 그 뱀은 요한계시록에서 '옛 뱀'(계12:9, 계20:2) 곧 사탄으로 칭하고 있습니다. [19]

그런데 그 뱀이 어떻게 아담과 하와를 유혹했을까요? 뱀에게 입이 달렸던 것입니까? 민수기를 보면 하나님께서 나귀를 통해 발람을 책망하신 일(민22:28~30)이 있습니다. 그런 모습을 볼 때 사탄도 얼마든지 뱀을 이용해 그들을 유혹했다는 것을 알 수 있습니다.

그렇다면 하나님께서는 처음부터 사탄을 만든 것일까요? 사탄은 본래 하나님의 천사장으로서 수많은 천사들과 함께 하나님을 경배하는 위치에 있었습니다. 하지만 스스로 타락하고 교만하여(사 14:12, 겔28:13~17) 그 많은 천사들을 자기 세력에 둔 것입니다. 그래서 다윗을 충동질 했고(대상21:1), 욥의 믿음을 흔들었고(욥 2:1~7), 예수님마저 자신에게 굴복시키려(눅4:7) 했습니다. 지금도 공중권세 잡은 사탄의 세력은(엡2:2) 자기 세력을 동원해 하나님의 자녀들을 대적하고(슥3:1), 미혹하고(눅24:24), 꾀고(계12:9), 참소하고(계12:10) 있습니다. 사탄의 기원이나 책임은 결코 하나님께 돌릴 수는 없는 것입니다.

그 사탄 곧 마귀를 대부분 '루시퍼'로 알고 있습니다. 이사야 14장 12절의 '아침의 아들 계명성'(헤렐 הֵילֵל, morning star, 샛별)[20]을 '루시퍼'로 오해한 까닭입니다. 그것은 제롬이 성경을 잘못 번역한 데서 기인한 것입니다. 히브리어 성경을 '70인역'(LXX)에서는 '호 에오스포로스'(ὁ ἑωσφόρος) 곧 '빛을 가져오는 자'로 번역했지만, 가톨릭교회 신학자요 교부로서 70인역을 라틴어로 번역한 제롬(Hieronymus, A.D.348-420)은 그의 '불가타역'(Vulgate)에서 '루치페르'(Lucifer)로 번역해버렸습니다. 그 뒤 단테의 〈신곡〉

(1321년)과 존 밀턴의 〈실낙원〉(1667년)에서 '루치페르'를 지옥의 악마 중의 악마로 그려냈고[21], 킹제임스 번역본(KJV, 1611년)에서도 '루시퍼'(Lucifer)로 편찬해 내면서 오늘날까지 이른 것입니다.

그리스도인들조차 사탄의 능력에 대해 두려워하는 이들이 있습니다. 하지만 그의 능력이 대단한 것 같지만 하나님의 허락하신 범위 내에서 활동한다(욥2:6)는 사실을 기억해야 합니다. 사탄의 활동은 하나님의 통제권 속에 있는(삼상16:15, 삼상18:10) 것입니다. 마지막 심판의 날에는 영원한 불 못에 던져질(계20:10) 것입니다.

그런데 하나님께서는 선악과를 따먹은 아담과 하와를 에덴동산에서 내보냈습니다. 그들이 생명나무 열매도 따 먹고 영생할까(창3:22) 하는 까닭이었습니다. 인간이 죄악의 상태로 영생하게 된다면 그보다 더 고통스러운 일도 없을 것입니다. 그래서 그들을 에덴동산에서 추방시킨 것이었습니다.

그것이 아담과 하와가 저주받은 것처럼 보일 수 있습니다. 하지만 그것은 또 다른 하나님의 은혜임을 깨달을 수 있습니다. 하나님께서는 그들을 내보내시고 에덴동산 '동쪽'에 그룹과 불 칼을 둬서 생명나무의 길로 들어오지 못하도록 막았습니다. 우리말 '동쪽'을 뜻하는 히브리어 '케뎀'(קֶדֶם)은 '앞'(front)을 뜻하는 말이기도 합니다. 그 원형 '카담'(קָדַם)은 '만나다'(to meet)는 의미입니다. 그만큼 아담과 하와를 에덴동산에서 추방한 것은 그 앞에서 생명나무를 바라보며 영생하시는 하나님을 소망하며(전3:11) 살도록 배려한 것이었습니다. [22] 그것은 가인도 마찬가지(창4:16)였습니다. 그만큼 에덴동산의 추방은 저주가 아니라 죽음에 처한 인간에게 영원을 사모하는 마음을 불어넣은 하나님의 은혜입니다.

···························· **묵상할 말씀** ····························

"주 여호와의 말씀이니라 이스라엘 족속아 내가 너희 각 사람이 행한 대로 심판할지라 너희는 돌이켜 회개하고 모든 죄에서 떠날지어다 그리한즉 그것이 너희에게 죄악의 걸림돌이 되지 아니하리라 너희는 너희가 범한 모든 죄악을 버리고 마음과 영을 새롭게 할지어다."(겔18:30~31)

"그러므로 너희가 회개하고 돌이켜 너희 죄 없이 함을 받으라 이같이 하면 새롭게 되는 날이 주 앞으로부터 이를 것이요 또 주께서 너희를 위하여 예정하신 그리스도 곧 예수를 보내시리니 하나님이 영원 전부터 거룩한 선지자들의 입을 통하여 말씀하신 바 만물을 회복하실 때까지는 하늘이 마땅히 그를 받아 두리라."(행3:19~21)

Q6. 하나님께서 아벨의 제사는 받으시고
가인의 제사를 받지 않으신 이유는?

아담과 하와가 에덴동산 앞에 살면서 자식을 낳았습니다. 첫째 아들은 가인, 둘째 아들은 아벨이었습니다. '세월이 지난 후에'(창 4:3) 두 아들이 하나님께 제사를 드렸습니다. 가인은 '땅의 소산으로', 아벨은 '양의 첫 새끼와 그 기름'으로 각각 드렸습니다. 하나님께서는 '아벨과 그 제물'을 받으셨지만 '가인과 그 제물'은 받지 않으셨습니다. 그 이유가 무엇일까요?

무엇보다 그들의 제사를 받으신 주권은 하나님께 달려 있었습니다. 우리 인간으로서는 이러쿵저러쿵 쉽게 판단할 부분이 아니라는 걸 염두에 둬야 합니다. 그런데 어떤 이들은 짐승과 곡물의 제사라는 차이점으로 구분하기도 합니다. 하지만 본격적인 제사가 진행된 레위기에서는 번제(레1:1~17)와 소제(레2:1~16)도 하나님께 받으셨습니다.

그런 점들을 염두에 두고 몇 가지 사항을 고려할 게 있습니다. 우선 '세월이 지난 후'였다는 점입니다. 뭔가 특별한 시점에서 그들이 제사를 드렸다는 뜻이기도 합니다. 그런 차원에서 제사를 드렸다면 좀 더 의미 있는 것으로 하나님께 드리는 게 마땅합니다.

그런데 가인은 '땅의 소산'을 가져와 하나님께 드렸고, 아벨은 '양의 첫 새끼와 그 기름'을 가져와 드렸습니다. '기름'으로 번역된 히브리어 '헤레브'(חלב)는 '지방'(fat), '골수'(marrow, 시63:5), '가장 좋은'(all the best, 민18:12), '풍성함'(abundance)의 뜻[23]이 있습니다. 그만큼 아벨은 여러 양 떼 중에서 최상의 것을 구별해 하나님께 드렸다는 뜻입니다. 아벨은 하나님을 향한 중심 어린 마음과 자세로 경배코자 했던 것입니다.

그에 반해 가인은 '땅의 소산'으로 드릴 뿐이었습니다. 라쉬 (Rashi's Commentary)는 그에 대해 그런 주석을 덧붙이고 있습니다. 가인이 최상의 것이 아닌 것, 그저 '자기 손에 잡힌 대로'[24] 하나님께 가져와 드렸다고 말입니다. 그만큼 그는 자기 중심적인 제사를 드리고자 했다는 뜻입니다.

신약성경의 히브리서에서는 "믿음으로 아벨은 가인보다 더 낳은 제사를 드렸다"(히4:11)고 증언하고 있습니다. 그 말씀이 뜻하는 바가 무엇일까요? 하나님께서는 단순히 눈에 보이는 것(fountain)이 아니라 그 '마음 중심'(לבב, authority inside, 삼상16:7)[25]을 받으시는 분임을 알 수 있습니다. 하나님의 주권에 온전히 복종하는 마음과 자세가 그것입니다.

오늘날 하나님께 드리는 예배가 어떤 예배여야 할까요? 하나님 앞에서 드리는 예배는 나 자신을 강화하는 게 아닙니다. 나의 자아나 의로움을 앞세우며 드리는 게 결코 아닙니다. 오직 나 자신을 번제물처럼 태우고 소제물처럼 갈아서 드리는 그런 마음과 자세가 필요한 것입니다. 그것이야말로 어느 장소를 불문하고 하나님께 마음 중심을 복종하여 드리는 영과 진리의 예배(요4:24)가 될 것입니다.

·················· **묵상할 말씀** ··················

"하나님께서 구하시는 제사는 상한 심령이라 하나님이여 상하고 통회하는 마음을 주께서 멸시하지 아니하시리이다."(시51:17)

"아론의 아들 나답과 아비후가 각기 향로를 가져다가 여호와께서 명령하시지 아니하신 다른 불을 담아 여호와 앞에 분향하였더니 불이 여호와 앞에서 나와 그들을 삼키매 그들이 여호와 앞에서 죽은지라." (레10:1~2)

"바리새인은 서서 따로 기도하여 이르되 하나님이여 나는 다른 사람들 곧 토색, 불의, 간음을 하는 자들과 같지 아니하고 이 세리와도 같지 아니함을 감사하나이다 나는 이레에 두 번씩 금식하고 또 소득의 십일조를 드리나이다 하고 세리는 멀리 서서 감히 눈을 들어 하늘을 쳐다보지도 못하고 다만 가슴을 치며 이르되 하나님이여 불쌍히 여기소서 나는 죄인이로소이다 하였느니라."(눅18:11~13)

Q7. 창세기 4장의 족보와 5장의 족보는 어떤 차이가 있을까?

가인이 하나님 앞을 떠나 에덴동산 '동쪽' 곧 에덴동산 '앞'의 '놋'(נוֹד, wandering) 땅을 배회하며 살았습니다. 그곳에서 아내를 만나 자식을 낳았습니다. 그때 만난 아내에 대해 유대 랍비들은 그렇게 생각을 하고 있습니다. 아담과 하와가 가인과 아벨만 낳은 게 아니라, 우리나라의 옛날 족보처럼, 기록하지 않은 여자들도 많이 낳았다는 것 말입니다. 가인은 그 중에서 자신의 아내를 취해 자식을 낳았던 것입니다.

그곳에서 가인은 후손(창4:16-24)을 낳습니다. 가인~에녹~이랏~므후야엘~므두사엘~라멕으로 이어지는 족보를 갖게 된 것입니다. 그중에는 각 분야에 최초라는 수식어가 붙을 정도로 탁월한 자손도 많이 나왔습니다. 야발은 가축 치는 자의 조상, 유발은 수금과 퉁소를 잡는 모든 자의 조상, 두발가인은 구리와 쇠를 만드는 최초의 장인이 되었습니다.

그런데 창세기 5장에서 아담의 족보를 다시금 써가고 있습니다. 창세기 4장 말미에서 아담이 아벨 대신 낳은 셋, 그 셋을 통해 '에노스'(אֱנוֹשׁ-mortal man, אָנַשׁ-to be sick)[26]를 낳은 뒤부터 '하나님의 이름을 불렀다'(창4:26)고 밝혀줍니다. 그만큼 창세기 5장은 하나님을 경외한 족보를 새롭게 써 내려간 것입니다. 아담~셋~에노스~게난~마할랄렐~야렛~에녹~므두셀라~라멕~노아로 잇는 족보가 그것입니다. 그들은 창세기 4장의 탁월한 족보와 달리 어떤 이름값도 내세우지 못했습니다. 하지만 하나님을 의지하며 살았던 후손입니다.

그 족보를 보면 각각 몇 년을 살았는지 알 수 있습니다. 아담은 930세, 셋은 912세, 에노스는 905세, 게난은 910세, 마할랄렐은 895세, 야렛은 962세, 에녹은 365세, 므두셀라는 969세, 라멕은 777세, 노아는 950세(창9:29)를 살았습니다.

그 족보에 따르면 아담에서부터 게난까지 긴 세월로 내려가는 것 같지만, 실은 동시대를 산 부분도 있습니다. 평균 100세가 되었을 때 아이를 낳은 걸 생각한다면 충분히 짐작할 수 있습니다. 그런 차원에서 보면 아담과 라멕은 '56년간'의 동시대를 살았고, 노아와 아브라함도 홍수 이후에 '58년이나' 동시대를 살았습니다.[27]

물론 같은 하늘을 받들고 동시대를 살았지만 같은 집 안에서 살았는지는 알 길이 없습니다. 다만 그 영향력 속에 있었다는 것은 충분히 유추해볼 수 있습니다. 더욱이 그 족보에 나온 인물들 말고도 다른 자녀들을 많이 낳았다는 것을 놓치지 말아야 합니다.

아담이 셋만 낳은 것도 아니고, 셋도 에노스만 낳은 게 아니었다는 것 말입니다.

무엇을 생각하게 됩니까? 창세기 4장과 5장에 나온 인물들은 그 다음 세대를 드러내는 대표자들의 이름이었다는 것입니다. 다만 창세기 4장의 후손은 가인처럼 하나님 앞에 자기 이름값을 드러내고자 한 자손이었고, 창세기 5장의 후손은 아벨과 에노스처럼 부족함 가운데서도 해바라기처럼 하나님을 바라보고자 한 자손이었습니다.

"내가 산을 향하여 눈을 들리라 나의 도움이 어디서 올까 나의 도움
은 천지를 지으신 여호와에게서로다 여호와께서 너를 실족하지 아니
하게 하시며 너를 지키시는 이가 졸지 아니하시리로다 이스라엘을 지
키시는 이는 졸지도 아니하시고 주무시지도 아니하시리로다."(시
121:1~4)

"육신을 따르는 자는 육신의 일을, 영을 따르는 자는 영의 일을 생각
하나니 육신의 생각은 사망이요 영의 생각은 생명과 평안이니라."(롬
8:5~6)

"좁은 문으로 들어가라 멸망으로 인도하는 문은 크고 그 길이 넓어
그리로 들어가는 자가 많고 생명으로 인도하는 문은 좁고 길이 협착
하여 찾는 자가 적음이라."(마7:13~14)

| 노아의 홍수 사건 속에 담긴 7가지 질문 |

　　노아의 홍수 사건(창6:9~11:26)은 다음과 같은 고리로 연결돼 있습니다. 하나님께서 노아에게 찾아오셔서 방주를 지으라고 말씀하셨고, 방주를 지은 노아가 하나님의 말씀대로 방주에 들어갔을 때 하나님께서 방주의 문을 닫으셨고, 그때 세상을 심판한 하나님의 홍수가 쏟아졌고, 그 뒤 노아는 하나님의 말씀대로 방주에서 나와 포도 농사를 지었고, 노아의 세 아들과 그 후손은 새로운 세상에 퍼져나갔다는 점입니다.

　　이와 같은 노아의 홍수 이야기를 읽으면서 다음과 같은 7가지 질문을 품게 되었습니다.

첫째 노아는 '완전한 자'였다고 소개하는데, 과연 그 의미는 무엇인가?

둘째 노아가 만든 방주는 얼마나 컸을까? 도대체 몇 년에 걸쳐 만들었나?

셋째 노아의 방주를 통해 깨닫게 되는 성경적인 의미는 무엇인가?

넷째 노아의 방주를 '구원의 방주'라고 칭하는데, 그 안은 천국이었을까?

다섯째 방주에서 나온 노아에게 고기를 피째 먹지 말라고 하신 이유는?

여섯째 노아의 세 아들 '셈, 함, 야벳'은 태어난 순서일까?

일곱째 술에 취한 노아를 조롱한 아들은 함인데, 왜 함의 아들 '가나안'이 저주받았을까?

Q1. 노아는 '완전한 자'였다고 소개하는데, 그 의미가 무엇인가?

　노아가 방주를 통해 구원받은 것은 그가 완전했기 때문이라고 생각을 합니다. 창세기 6장 9절에 "노아는 의인이요 당대에 완전한 자"라고 소개하고 있기 때문입니다. 그 시대에 하나님께서는 인간을 지으신 걸 한탄하셨는데, 유독 노아와 그 가족들만큼은 구원해 주셨습니다. 어쩌면 노아가 그 기준에 맞는 삶을 살았기 때문에 그가 하나님의 선택을 받은 것은 아닐까, 하고 단정적으로 생각을 합니다.

　하지만 노아도 불완전한 인간이기는 마찬가지였습니다. 하나님께서 방주를 짓도록 명령하기 이전에 그가 하나님 앞에 특별하게 보인 '완전한 행동'은 없습니다. 그저 하나님께서 먼저 찾아오셔서 방주를 짓도록 하라고 명령하신 일을 준행했을 뿐입니다. 더욱이 노아는 홍수가 끝나고 방주 밖에 나와 포도 농사를 짓고서 취한 모습을 보일 정도로 연약한 인간이었습니다. 그런 점들을 볼 때 노아가 선택받은 것은 전적인 하나님의 은혜였습니다.

　그렇다면 '완전한 자'가 뜻하는 바는 무엇일까요? '완전하다'로 번역된 히브리어 '타밈'(תָּמִים)은 '완전하게'(perfect) 라는 뜻과 함께 '비난할 게 없는'(blameless)이란 뜻도 있습니다. 맛소라 사본(the

Masoretic text)의 영어 번역본(JPS Tanakh, 1917)은 '완전하게'라는 말을 '전심으로'(wholehearted)[28]라고 번역해 놓고 있습니다. 노아도 하나님 앞에 흠이 있었지만 자기 자아와 의로움을 내세우기보다 자신의 부족함과 연약함을 고백하면서 주님을 전심으로 좇았다는 뜻입니다.

더욱이 '완전하다'는 히브리어 '타밈'(תָּמִים)은 '타멤'(תָּמַם)에서 파생된 단어입니다. '타멤'이란 '타이밍'(timing) 곧 '하나님께서 정하신 시간'(창47:18, 레25:29, 신2:15)을 뜻하는 말이기도 합니다. 아브람이 이스마엘을 낳은 86세로부터 13년이 지난 시점, 곧 아브람의 나이 99세 때 하나님께서 아브라함에게 '완전하라'(תָּמִים, 창17:1)고 말씀하신 것과 같은 이치입니다. 그만큼 100살이 되어 이삭을 낳을 시점에 그렇게 말씀하신 것이었습니다. 불완전한 아브라함도 그 시점에 하나님을 온전히 바라보며 좇도록 은혜를 베푸신 것입니다.

그런데 히브리어 '타밈'(תָּמִים)은 신약성경의 '텔레이오스'(τέλειος)[29]와 같은 말입니다. 예수님께서도 "하늘에 계신 너희 아버지의 온전하심과 같이 너희도 온전하라"(마5:48)라고 당부하셨습니다. 하지만 어떤 인간이 하나님 아버지처럼 온전할 수 있을까요? 그것은 인간을 향해 하나님과 같이 완벽하라는 뜻이 아닙니다. 인간의 수준 안에서 하나님을 온전히 바라보며 살라는 뜻입니다. 개는 개의 수준에서 온전하게 자기 역할에 충실하듯이, 사람은 사람의 수준에서 온전하게 살면 되는 것 말입니다. 부족하고 연약한 인간의 자기 실상을 깨닫고, 그 부족함 속에서 유혹받고 실수하여 넘어질지라도 해바라기처럼 하나님을 바라보며 하나님의 은혜 속에 살라는 것 말입니다.

그와 같은 사실을 통해 깨닫게 되는 바가 무엇입니까? 노아가 어떤 흠결도 없이 완벽하게 살았기 때문에 하나님의 선택을 받은 게 결코 아니었다는 점입니다. 노아에게도 인간적인 결점이 있었지만 하나님의 은혜로 품어주셨기에 하나님의 타이밍을 바라보며 살게 된 것입니다. 노아는 그만큼 하나님의 은혜 없이는 온전할 수 없었던 것입니다.

"여호와께서는 자기 백성을 기뻐하시며 겸손한 자를 구원으로 아름답게 하심이로다."(시149:4)

"진실로 그는 거만한 자를 비웃으시며 겸손한 자에게 은혜를 베푸시나니."(잠3:34)

"그러나 하나님께서 세상의 미련한 것들을 택하사 지혜 있는 자들을 부끄럽게 하려 하시고 세상의 약한 것들을 택하사 강한 것들을 부끄럽게 하려 하시며 하나님께서 세상의 천한 것들과 멸시 받는 것들과 없는 것들을 택하사 있는 것들을 폐하려 하시나니 이는 아무 육체도 하나님 앞에서 자랑하지 못하게 하려 하심이라"(고전1:27~29)

Q2. 노아가 만든 방주는 얼마나 컸을까?
방주는 몇 년에 걸쳐 만들었을까?

하나님께서 노아에게 은혜를 베풀어서 방주를 만들라고 명령하셨습니다. "그 길이는 삼백 규빗, 너비는 오십 규빗, 높이는 삼십 규빗"(창6:15)이었습니다. '규빗'(Cubit)은 '팔꿈치'(elbow)를 뜻하는 라틴어 '큐비툼'(cubitum)에서 온 말입니다. 본래 히브리어 원문에는 '팔의 어머니'를 뜻하는 '암마'(אמה)로 기록돼 있습니다.[30] 그 '암마'가 '규빗'으로 기록된 것은 라틴어 성경을 참조한 데서 유래한 것입니다.

라틴어 '규빗'은 팔꿈치에서부터 가운데 손가락 끝부분까지를 기본 단위로 합니다. 보통 1규빗은 44.5cm입니다. 물론 고대 이집트나 고대 바벨론의 규빗과 고대 이스라엘의 규빗은 차이가 있다는 점[31]을 인정해야 합니다. 그 규빗을 기준으로 당시의 방주 크기를 오늘날의 도량형으로 환산하면 길이가 약 137.4m, 너비가 약 22.9m, 높이가 약 13.7m 됩니다. 축구 경기장보다 조금 더 큰 규모입니다. 그것은 우주왕복선을 세 개나 놓을 수 있는 길이요, 아파트 4층이 되는 높이요, 최소 120,000마리의 양을 실을 수 있는 공간의 크기입니다.[32]

노아는 그 방주를 몇 년에 걸쳐 완성했을까요? 하나님께서 노아에게 방주를 만들라고 할 때 이미 세 아들이 태어난 상태였습니다. 그때 며느리들이 있었는지 정확히 알 길이 없습니다. 다만 노아의 세 아들 중 첫째는 그의 나이 500세 때(창5:32) 태어났습니다. 그리고 홍수 심판은 그의 나이 600세 때(창7:6, 창7:11) 일어난 일이었습니다. 그런 점에서 볼 때 노아의 500세 때 태어난 세 아들은 10~15년이 지나 장가를 갔던 것입니다. 그런 모습들을 종합해 본다면 노아의 방주는 80~90년 정도 걸려 완성된 것이었습니다.

그런데 노아가 방주를 만들라는 하나님의 명령을 받은 시점에 세 아들이 태어날 때였다면 어떻게 했을까요? 노아는 그때부터 방주를 만들 나무를 그의 심령 속에 준비하면서 살지 않았을까요? 그런 점들까지 감안하면 적어도 노아는 100년에 걸쳐 방주를 준비했던 것임을 알 수 있습니다.

물론 노아의 방주가 주는 더 큰 의미가 있습니다. 우리말 '방주'는 히브리어로 '테바'(תֵּבָה, ark)입니다. 놀랍게도 모세의 갈대 상자도 '테바'[33]였다는 점입니다. 방주의 크기에 비하면 갈대 상자는 성냥갑 크기에도 못 미칩니다. 하지만 '테바'로서의 의미는 똑같습니다. 그만큼 그것의 외형이나 규모가 중요한 게 아닙니다. '테바'는 노도 닻도 키도 없는 무동력선입니다. 그저 하나님께서 이끄시는 대로 맡기면서 나아가야 하는 것이었습니다. 노아의 인생은 하나님께서 이끄시는 테바 인생이었습니다. 그것은 이 땅 위에서 하나님 나라를 이루며 사는 오늘날의 그리스도인들도 다르지 않을 것입니다.

·························· **묵상할 말씀** ··························

"오직 여호와를 앙망하는 자는 새 힘을 얻으리니 독수리가 날개치며 올라감 같을 것이요 달음박질하여도 곤비하지 아니하겠고 걸어가도 피곤하지 아니하리로다."(사40:31)

"너의 행사를 여호와께 맡기라 그리하면 네가 경영하는 것이 이루어지리라"(잠16:3)

"사람이 마음으로 자기의 길을 계획할지라도 그의 걸음을 인도하시는 이는 여호와시니라"(잠16:9)

Q3. 노아의 방주를 통해 깨닫게 하는 성경적인 의미는?

하나님께서 노아에게 방주를 만들도록 은혜를 베푸신 뜻이 있었습니다. 홍수로 온 세상을 심판하실 때 구원하기 위한 목적이었습니다.

"노아의 때에 된 것과 같이 인자의 때에도 그러하리라 노아가 방주에 들어가던 날까지 사람들이 먹고 마시고 장가들고 시집가더니 홍수가 나서 그들을 다 멸망시켰으며 또 롯의 때와 같으리니 사람들이 먹고 마시고 사고 팔고 심고 집을 짓더니 롯이 소돔에서 나가던 날에 하늘로부터 불과 유황이 비오듯 하여 그들을 멸망시켰느니라 인자가 나타나는 날에도 이러하리라"(눅17:23~30)

예수님께서 하신 말씀입니다. 노아의 시대처럼 주님의 재림 때에도 세상의 많은 사람들이 자기 즐거움을 좇아 살 뿐 하나님을 경외하지 않는다는 것입니다. 그러나 그 삶이 소돔과 고모라 땅에 쏟아진 불과 유황처럼, 노아의 홍수심판 때처럼, 최후 심판으로 연결된다는 사실입니다.

그만큼 노아의 방주는 최후 심판의 모형과 같은 것입니다. 그 심판 때 구원받을 수 있는 길은 예수 그리스도 안으로 들어가는 것뿐입니다. 예수님께서도 "내가 곧 길이요 진리요 생명이니 나로 말미암지 않고는 아버지께로 올 자가 없느니라."(요14:6) 말씀하셨습니다. 그런 차원에서 노아 방주는 예수 그리스도라는 '구원의 집'(히11:7)을 뜻한다고 할 수 있습니다. 그것이 노아의 방주가 갖는 성경적인 의미입니다.

"그리스도께서도 단번에 죄를 위하여 죽으사 의인으로서 불의한 자를 대신하셨으니 이는 우리를 하나님 앞으로 인도하려 하심이라 육체로는 죽임을 당하시고 영으로는 살리심을 받으셨으니 그가 또한 영으로 가서 옥에 있는 영들에게 선포하시니라 그들은 전에 노아의 날 방주를 준비할 동안 하나님이 오래 참고 기다리실 때에 복종하지 아니하던 자들이라 방주에서 물로 말미암아 구원을 얻은 자가 몇 명뿐이니 겨우 여덟 명이라"(벧전3:18~20)

베드로 사도가 소아시아의 교회를 향해 그리스도인의 정체성에 관해 격려하면서 쓴 편지 내용입니다. 당시에 그리스도인들이 고난을 받지만 예수 그리스도의 부활하심을 바라보며 믿음으로 인내하라고 권면한 것입니다.

그 중 노아의 방주에 들어가지 못하고 죽은 영혼들에게 예수님께서 영으로 내려가 선포하셨다고 밝혀줍니다. 이를 두고 어떤 이들은 지옥에 있는 영혼들에게 제 2의 기회를 주셨다고 해석을 하기도 합니다. 하지만 그렇게 되면 죽은 나사로와 부자의 모습과는 정반대가 되는 상황(눅16:22~31)에 직면하게 됩니다.

　그렇다면 십자가 위에서 피 흘려 죽으신 주님께서 노아의 방주 때 심판받은 영혼들에게 내려가 선포하셨다는 뜻을 어떻게 이해하면 될까요? 주님께서 죄와 사망의 권세를 깨트리신 부활의 승리자임을 선언하셨다는 뜻[34]으로 받아들이면 충분할 것입니다. 우리 주님은 하늘과 땅과 바다와 모든 음부의 세계까지도 통치하시는 성자 하나님이시기 때문입니다.

"이러므로 하나님이 그를 지극히 높여 모든 이름 위에 뛰어난 이름을 주사 하늘에 있는 자들과 땅에 있는 자들과 땅 아래에 있는 자들로 모든 무릎을 예수의 이름에 꿇게 하시고 모든 입으로 예수 그리스도를 주라 시인하여 하나님 아버지께 영광을 돌리게 하셨느니라"(빌2:9~11)

"그러므로 너희가 그리스도와 함께 다시 살리심을 받았으면 위의 것을 찾으라 거기는 그리스도께서 하나님 우편에 앉아 계시느니라 위의 것을 생각하고 땅의 것을 생각하지 말라 이는 너희가 죽었고 너희 생명이 그리스도와 함께 하나님 안에 감추어졌음이라 우리 생명이신 그리스도께서 나타나실 그 때에 너희도 그와 함께 영광 중에 나타나리라."(골3:1~4)

Q4. 노아의 방주를 '구원의 방주'라고 하는데, 그 안은 천국의 삶이었나?

하나님의 은혜로 노아가 600세 되던 해 2월 10일(창7:11)에 방주에 들어갔습니다. 그로부터 7일 후에 하늘의 큰 깊음의 샘들이 터지고, 하늘의 창문들이 열려 40일간(창7:12) 비가 땅에 쏟아졌습니다.

그로부터 물은 150일 동안(창7:24) 넘쳐났습니다. 그때 노아의 방주, 곧 노아의 테바는 7월 17일(창8:4)에 한 곳에 멈춰 섰습니다. 바로 아라랏 산이었습니다. 600년 2월 10일에 방주에 들어간 노아는 5개월이 됐을 때 아라랏 산에 도착한 셈입니다.

그 해 10월 1일(창8:5)에 산들의 봉우리들이 보이기 시작했습니다. 그로부터 40일(창8:6) 곧 11월 중순에 노아가 까마귀를 내보내 살펴봤습니다. 그 후 7일이 지나 비둘기를 내보냈는데 그 비둘기가 방주로 돌아오자 7일을 더 기다려 다시 내보냈습니다. 그러자 그 비둘기는 감람나무 새 잎사귀를 물고 돌아왔습니다. 노아는 그로부터 7일을 기다려(창8:12) 비둘기를 내보냈는데, 그때는 그 비둘기가 더 이상 돌아오지 않았습니다. 바로 그 시점이 12월 중순 경이었습니다. 그리고 며칠을 더 기다렸을 때, 드디어 601년이 된 것입니다.

"육백일 년 첫째 달 곧 그 달 초하룻날에 땅 위에서 물이 걷힌 지라 노아가 방주 뚜껑을 제치고 본즉 지면에서 물이 걷혔더니 둘째 달 스무이렛날에 땅이 말랐더라"(창8:13~14)

어떻습니까? 노아는 600년 2월 10일에 방주에 들어갔고, 그로부터 1년 17일이 지난 601년 1월 27일에 방주에서 나온 것이었습니다. 그렇기에 노아가 방주 안에 체류한 기간은 1년 17일이었습니다.

사람들은 그 방주를 '구원의 방주'로 생각합니다. 마치 그곳을 에덴동산이나 천국의 삶처럼 생각을 합니다. 하지만 방주는 그런 기쁨을 주는 곳이 아니었습니다. 그 안에는 수많은 짐승 떼에게 먹이를 줘야 했고, 밤낮없이 씩씩거리고 으르렁거리는 짐승들과 지저귀는 새들의 소리를 들어야 했고, 그 짐승들이 배설하는 똥오줌 냄새가 진동하는 곳이었습니다. 어떤 면에서 보면 온전한 사람이라도 정신병자가 될 수밖에 없었던 곳[35]입니다.

그런데도 노아와 그 가족들이 어떻게 그 안에서 1년 17일을 온전하게 살 수 있었을까요? 그것은 하나님께서 방주의 천장에 창문을 만들도록 한 이유 때문입니다. 그 창문을 통해 신선한 공기를 마실 수 있었고, 그 창문을 통해 한 줄기의 빛도 공급받을 수 있었던 것입니다. 그것은 1889년 5월 8일 '생 레메 정신병원'에 입원한 '고흐'(Vincent Van Gogh)가 바라본 창문과 같은 격입니다. 그에게 병실은 영혼의 어두운 방이었지만 그 창문 너머로 수많은 별들을 바라볼 수 있었기 때문입니다.[36] 세계적인 명작 〈별이 빛나는 밤〉은 그 창문을 통해 탄생한 것이었습니다.

"주의 말씀은 내 발에 등이요 내 길에 빛이니이다"(시119:105)

"여호와는 나의 목자시니 내게 부족함이 없으리로다 그가 나를 푸른 풀밭에 누이시며 쉴 만한 물 가로 인도하시는도다 내 영혼을 소생시키시고 자기 이름을 위하여 의의 길로 인도하시는도다 내가 사망의 음침한 골짜기로 다닐지라도 해를 두려워하지 않을 것은 주께서 나와 함께 하심이라 주의 지팡이와 막대기가 나를 안위하시나이다." (시23:1~4)

"우리가 이 보배를 질그릇에 가졌으니 이는 심히 큰 능력은 하나님께 있고 우리에게 있지 아니함을 알게 하려 함이라 우리가 사방으로 우겨쌈을 당하여도 싸이지 아니하며 답답한 일을 당하여도 낙심하지 아니하며 박해를 받아도 버린 바 되지 아니하며 거꾸러뜨림을 당하여도 망하지 아니하고 우리가 항상 예수의 죽음을 몸에 짊어짐은 예수의 생명이 또한 우리 몸에 나타나게 하려 함이라"(고후4:7~10)

Q5. 노아에게 고기를 피째 먹지 말라고 명령하신 이유가 뭘까?

하나님의 은혜로 방주에서 나온 노아에게 하나님께서 명령하셨습니다. "생육하고 번성하여 땅에 충만하라"(창9:1) 하고 말입니다. 그것은 아담과 하와에게도 명령하셨던 말씀이기도 합니다.

그런데 그 이후의 명령은 약간 차이가 있습니다. 아담에게는 모든 생물을 다스리라고 말씀하셨는데, 노아에게는 모든 생물이 두려워할 것이라고 말씀하셨습니다. 아담의 때에는 모든 생물이 거부감 없이 따르게 했지만, 노아의 때에는 생물들이 사람을 두려워하고 무서워하게 된 셈입니다. 아담의 때는 모든 생물이 인간에게 절대적으로 순종을 했다면, 노아의 때에는 인간에 대해 거부감이 생긴 것입니다.

또 다른 차이점도 있습니다. 아담의 때에는 하나님께서 채소만 먹도록 하셨는데, 노아의 때에는 동물들도 채소같이 먹도록 하신 것입니다. 다만 그 생명 되는 피째 먹지 말도록 하셨습니다.

"그러나 고기를 그 생명 되는 피째 먹지 말 것이니라 내가 반드시 너희의 피 곧 너희의 생명의 피를 찾으리니 짐승이면 그 짐승에게서, 사람이나 사람의 형제면 그에게서 그의 생명을 찾으리라"

(창9:4~5)

왜 하나님께서는 고기를 피째 먹지 말라고 하신 것일까요? 피가 들어간 음식은 먹지 말라고 정하신 것일까요? 그런 경우라면 우리나라에서는 선짓국이 있습니다. 프랑스에서는 돼지 피에 달걀과 우유와 빵가루를 넣고 속을 만들어 먹는 '부댕'(Boudin)이 있습니다. 에스키모인은 짐승을 잡아서 피와 함께 날 것으로 먹습니다.

그렇다면 유대인들은 어떨까요? 오늘날 유대인들은 '코셔'(Kosher)[37]라는 음식법을 두고 있습니다. 코셔를 담당하는 랍비들의 입회 아래 짐승을 도축하고, 도축한 고기를 소금으로 문질러 피를 제거한 후에, 그 고기를 먹도록 하는 법입니다. 물론 먹을 수 있는 부위와 먹지 못하는 부위로 나누기도 합니다. 커피는 괜찮지만 우유를 넣어 마시는 것은 금하고 있습니다.[38]

그 코셔의 모든 일을 랍비청에서 주관한다고 하는데 그들의 파워도 막강하지 않을까 싶습니다. 그렇게 된다면 글로벌 식품기업들은 랍비청의 코셔 인증을 받기 위해 애를 쓸 것입니다. 그래서 지금은 코셔 인증 완화 움직임[39]도 펼쳐지고 있습니다. 2011년부터 예루살렘과 텔아비브 식당 26곳에 완화한 검증 방식으로 비유대인에게도 코셔 허가를 내줬다고 합니다.

어떨까요? 하나님께서 노아에게 피째 먹지 말라고 명령하신 말씀을 문자 그대로 받아들여야 하는 걸까요? 만약 문자 그대로 지켜야 한다면 레위기 11장에서 명령한 굽이 갈라진 음식, 그 중 대표적인 것 중의 하나인 돼지고기는 오늘날 먹지 말아야 합니다. 하지만 전 세계 대부분의 그리스도인들은 돼지고기를 자유롭게 먹고 있습니다. 예수 그리스도의 대속의 은혜로 구약의 음식법[40]에서 대해서 자유케 해 주셨기 때문입니다.

그렇다면 하나님께서 피째 먹지 말라고 명령하신 진정한 의미가 무엇일까요? 피의 본질은 생명입니다. 그만큼 그 생명을 허락하신 하나님의 뜻을 귀히 여기고, 그 생명조차 소중히 여기라는 뜻이 담겨 있습니다. 더 깊은 의미는 그것입니다. 고기는 필요한 만큼만 잡되, 그것을 포획해서 쌓아 두거나 축적하기 위한 수단으로 잡아들이지 말라는 뜻입니다. 짐승을 마구잡이로 죽이다 보면 사람의 생명도 경시하게 되고, 자기 욕망을 좇다 보면 결국 사람의 목숨까지도 업신여길 수 있기 때문입니다.

"모든 생물은 그 피가 생명과 일체라 그러므로 내가 이스라엘 자손에게 이르기를 너희는 어떤 육체의 피든지 먹지 말라 하였나니 모든 육체의 생명은 그것의 피인즉 그 피를 먹는 모든 자는 끊어지리라." (레17:14)

"모든 생물의 생명과 모든 사람의 육신의 목숨이 다 그의 손에 있느니라."(욥12:10)

"또 이르되 내가 이렇게 하리라 내 곳간을 헐고 더 크게 짓고 내 모든 곡식과 물건을 거기 쌓아 두리라 또 내가 내 영혼에게 이르되 영혼아 여러 해 쓸 물건을 많이 쌓아 두었으니 평안히 쉬고 먹고 마시고 즐거워하자 하리라 하되 하나님은 이르시되 어리석은 자여 오늘 밤에 네 영혼을 도로 찾으리니 그러면 네 준비한 것이 누구의 것이 되겠느냐 하셨으니 자기를 위하여 재물을 쌓아 두고 하나님께 대하여 부요하지 못한 자가 이와 같으니라"(눅12:18~21)

Q6. 노아의 세 아들 '셈, 함, 야벳'은 태어난 순서인가?

노아의 세 아들은 '셈, 함, 야벳'입니다. 그것을 태어난 순서로 생각하는 분들이 많습니다. 창세기 5장 32절에 그들의 이름이 순서대로 언급돼 있고, 창세기 10장 1절에서도 그렇게 기록돼 있기 때문입니다.

그런데 창세기 10장 21절은 누가 첫째인지 분명하게 밝혀주고 있습니다. 우리말 개역성경은 "셈은 에벨 온 자손의 조상이요 야벳의 형이라 그에게도 자녀가 출생하였으니"라고 기록돼 있습니다. 우리말 성경은 셈이 첫째인 것처럼 기록된 것입니다. 하지만 영문성경(NIV)은 "Sons were also born to Shem, whose older brother was Japheth(아들들이 셈에게서 태어났는데, 셈의 큰 형은 야벳이다)."로 기록돼 있습니다.

창세기 11장 10절에는 그런 말씀도 나옵니다. "셈의 족보는 이러하니라 셈은 백 세 곧 홍수 후 이 년에 아르박삿을 낳았고." 그 말씀이 의미하는 바가 무엇일까요? 노아는 500세에 첫 번째 자식을 낳았습니다. 홍수는 600세 되던 해에 일어났습니다. 그렇다면 첫째 아들은 적어도 100살 이상이 돼야 합니다. 그런데 셈은 홍수 후 2년이 됐을 때 100세였다고 기록하고 있는 것입니다. 이를 통해 볼 때 노아의 큰아들은 셈이 아니라는 게 확실합니다.

창세기 9장 24절에는 그런 말씀이 나옵니다. "노아가 술이 깨어 그의 작은 아들이 자기에게 행한 일을 알고." 노아의 아들 중에 함이 아버지의 취한 모습을 까발렸는데, 바로 함을 일컬어 '작은 아들'이라고 칭하고 있는 것입니다. 함이 둘째일 가능성이 큰 것입니다.

마지막으로 창세기 10장에 나온 족보를 보면 1절에서는 셈과 함과 야벳을 연이어 기록하고 있지만 본격적인 족보를 기록할 때의 순서는 다릅니다. 맨 먼저 야벳의 족보(2~5절)가 등장하고 있고, 그 뒤를 함의 족보(6~20절), 그리고 맨 마지막에 셈의 족보(21~31절)를 밝혀놓고 있습니다.

이상과 같은 내용을 종합할 때 야벳은 노아의 500세 되던 해에 태어났고, 함은 그 중간에, 그리고 셈은 노아의 504세 되던 해에 태어난 것[41]으로 추정할 수 있습니다.

그렇다면 왜 세 아들을 연이어 기록할 때는 '셈, 함, 야벳'이라고 언급한 것일까요? 창세기 11장 10절에 나오는 셈의 족보, 곧 셈~아르박삿~셀라~에벨~벨렉~르우~스룩~나홀~데라~아브라함으로 이어지는 족보이기 때문입니다. 다시 말해 히브리인들의 계보를 강조하고자 그렇게 밝힌 것임을 알 수 있습니다. 놀라운 사실은 바로 그 셈의 후손인 아브라함으로부터 예수 그리스도로 계보가 이어졌다는 점입니다. 그야말로 신비로운 하나님의 섭리가 아닐 수 없습니다.

························· **묵상할 말씀** ·························

"주의 종 아브라함과 이삭과 이스라엘을 기억하소서 주께서 그들을 위하여 주를 가리켜 맹세하여 이르시기를 내가 너희의 자손을 하늘의 별처럼 많게 하고 내가 허락한 이 온 땅을 너희의 자손에게 주어 영원한 기업이 되게 하리라 하셨나이다"(출23:13)

"아브라함과 다윗의 자손 예수 그리스도의 계보라."(마1:1)

"무릇 표면적 유대인이 유대인이 아니요 표면적 육신의 할례가 할례가 아니니라 오직 이면적 유대인이 유대인이며 할례는 마음에 할지니 영에 있고 율법 조문에 있지 아니한 것이라 그 칭찬이 사람에게서가 아니요 다만 하나님에게서니라."(롬2:28~29)

Q7. 술에 취한 노아를 조롱한 아들은 함인데, 왜 함의 아들 '가나안'을 저주했을까?

노아가 술에 취해 벌거벗었을 때 함이 발견하고 난 후 형제들에게 까발렸습니다. 그런데 야벳과 셈은 아버지의 수치를 덮어줬습니다. 마치 아담과 하와에게 가죽옷으로 감싸주신 하나님의 긍휼을 떠올리게 하는 모습입니다. 그 후에 노아는 함의 아들 '가나안'을 저주했습니다. 왜 그랬을까요?

합리적 유추가 힘든 성경의 난제를 해석하는 데는 두 가지 원칙이 있습니다. 하나는 하나님의 성품에 바탕을 두고 접근하는 것이고, 다른 하나는 다른 구절을 참조하고 영적 원리에 비춰서 접근하는 것입니다.

그렇다면 노아는 왜 함의 아들 '가나안'을 저주했을까요? 하나님의 성품에 비춰본다면 노아의 마음대로 함을 저주케 할 수는 없었습니다. 하나님께서 "노아와 세 아들에게 복을 주시면서 생육하고 번성하여 땅에 충만하라"(창9:1)고 이미 말씀하셨기 때문입니다. 노아는 그런 하나님의 뜻에 순종했던 것[42]입니다.

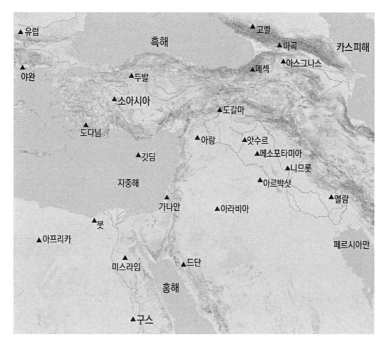

지중해 · 아프리카 · 붓 · 미스라임 · 홍해 · 구스 · 드단 · 가나안 · 아라비아 · 깃딤 · 도다님 · 소아시아 · 두발 · 야완 · 유럽 · 흑해 · 아람 · 앗수르 · 메소포타미아 · 니므롯 · 아르박삿 · 엘람 · 도갈마 · 메섹 · 아스그나스 · 마곡 · 고멜 · 카스피해 · 페르시아만

창세기 10장의 각 종족의 후손들 43)

그런 차원에서 본다면 노아가 가나안을 저주한 진정한 이유는 따로 있다는 것을 유추할 수 있습니다. 이른바 가나안의 평소 삶이 하나님의 뜻과 어긋난 삶을 추구한 것 말입니다. 마치 야곱이 열두 아들의 앞날에 대한 기도할 때 각자의 '삶의 분량대로'(창 49:28) 축복과 저주의 예언을 한 것과 같습니다.

만약 함이 행한 일로 벌을 받는다면 '구스, 미스라임, 붓, 가나안'(창10:6, 대상1:8) 그들 모두가 저주를 받아야 했습니다. 하지만 노아가 함의 막내 아들 가나안만 저주한 것은 그의 평소 삶과 직결돼 있었기 때문입니다. 훗날 '가나안 땅'이 성적 타락과 우상숭배의 근거지가 된 것도 가나안의 삶과 결코 무관치 않았던 것입니다. 그래서 "가나안은 저주를 받아 그의 형제의 종들의 종이 되기를 원하노라"(창9:25) 하신 그 예언은 여호수아가 가나안 땅을 정복할 때 성취케 되었습니다.

그런데 한 가지 기억해야 할 것이 있습니다. 가나안은 아프리카 민족의 창시자가 아니라는 점입니다. 함의 아들 '구스'(Cush)만 아프리카에 일부 정착했을 뿐 대부분은 중동에서 셈족과 함께 살았습니다.

그런데도 아프리카 흑인들에 대해 인과응보로 꿰맞추는 것은 성경에 대한 무지에서 비롯된 것입니다. 더욱이 모세의 아내(민12:1)[44]도, 예레미야를 건져낸 왕궁의 내시 에벳멜렉(렘38:7~11)도, 에디오피아 여왕 간다게의 고위층 관리(행8:27)도, 모두 구스의 후손입니다. 예수 그리스도의 십자가는 모든 인류(요3:16)를 위한 긍휼의 은혜임을 잊지 말아야 합니다.

"이들은 이스라엘의 열두 지파라 이와 같이 그들의 아버지가 그들에게 말하고 그들에게 축복하였으니 곧 그들 각 사람의 분량대로 축복하였더라."(창49:28)

"스스로 속이지 말라 하나님은 업신여김을 받지 아니하시나니 사람이 무엇으로 심든지 그대로 거두리라 자기의 육체를 위하여 심는 자는 육체로부터 썩어질 것을 거두고 성령을 위하여 심는 자는 성령으로부터 영생을 거두리라."(갈6:7~8)

"그 날에 이새의 뿌리에서 한 싹이 나서 만민의 기치로 설 것이요 열방이 그에게로 돌아오리니 그가 거한 곳이 영화로우리라."(사11:10)

"주께서 이같이 우리에게 명하시되 내가 너를 이방의 빛으로 삼아 너로 땅 끝까지 구원하게 하리라 하셨느니라 하니."(행13:47)

| 아브라함의 이야기 속에 담긴 7가지 질문 |

아브라함의 이야기(창11:27~25:18)는 다음과 같은 사건으로 연결돼 있습니다. 하나님께서 아브라함에게 찾아와 주셨고, 아브라함에게 가나안 땅을 약속으로 말씀해 주셨고, 그 말씀에 순종한 아브라함이 가나안 땅에 이주해 살았는데, 기근 때문에 애굽으로 내려갔고, 그 과정에서 하나님께서 은혜를 베푸셔서, 다시금 가나안 땅에 올라왔고, 하나님께서 약속하신 때에 언약의 이삭을 낳고 산 이야기입니다.

그런 아브라함의 이야기를 통해 다음과 같은 7가지 질문을 품게 되었습니다.

첫째 하나님께서는 아브라함에게 언제 찾아오셨는가?

둘째 하나님은 왜 아브라함의 실수를 감싸주셨을까?

셋째 아브라함은 어떻게 롯을 구할 수 있었는가?

넷째 하나님께서 아브라함과 언약을 맺을 때 왜 3년 된 짐승을 원하셨나?

다섯째 하나님께서 소돔 성읍을 멸망시킨 진짜 이유가 무엇인가?

여섯째 하나님께서는 왜 아브라함에게 하갈을 내쫓게 하셨는가?

일곱째 아브라함이 믿음의 조상으로 불리게 된 진정한 이유는?

Q1. 하나님께서는 아브라함에게 언제 찾아오셨는가?

아브라함은 셈의 후손 중에 '데라'에게서 태어난 아들입니다. "데라가 그 아들 아브람과 하란의 아들인 그의 손자 롯과 그의 며느리 아브람의 아내 사래를 데리고 갈대아인의 우르를 떠나 가나안 땅으로 가고자 하더니 하란에 이르러 거기 거류하였으며"(창 11:31)

아브라함의 가나안 이동 경로 45)

에덴동산에서 쫓겨난 것은 저주인가?

아브람의 아버지는 갈대아 우르를 떠나 가나안 땅으로 가고자 했습니다. 그런데 '하란' 땅에 도착한 이후에 그 땅에서 죽을 때까지(행7:4) 눌러 앉았습니다. "데라는 나이가 이백오 세가 되어 하란에서 죽었더라"(창11:32)

데라는 왜 하란 땅에 그냥 산 것일까요? 갈대아 우르에서 하란까지의 거리는 960km입니다. 서울에서 부산까지가 500km인데 그 왕복 거리입니다. 그에 비해 하란에서 가나안까지는 640km입니다. 거리상으로 보면 갈대아 우르에서 하란보다 하란에서 가나안까지가 훨씬 가까운데 말입니다.

그런데도 데라가 가나안을 향해 떠나지 않은 이유는 익숙함과 낯섦의 차이였을 것입니다. 유대 전승에서는 본래 데라가 살던 곳이 하란인데 아브라함을 낳고서 갈대아 우르로 떠났다가 다시금 본 고장으로 돌아왔다고 전하고 있습니다.[46]

그런 점을 생각한다면 왜 하나님께서 아브라함에게 "고향과 친척과 아버지의 집을 떠나"(창12:1)라고 말씀하셨는지 알 수 있습니다. 아브라함은 아버지 데라와 함께 살았던 그 익숙함과 기대는 것들 때문에 쉽사리 낯선 가나안을 향해 나가지 못했기 때문입니다.

그런데 그런 아브라함이 가나안 땅을 향해 떠났습니다. 그것은 하나님께서 아브라함에게 말씀으로 찾아와 '민족을 이룰 복'(창 12:2)에 대해 약속해 주신 까닭이었습니다. 성서학자들은 아브라함이 아버지와 함께 하란 땅에 머문 기간이 6년 정도 됐을 것으로 추정합니다. 그때까지 아브라함은 자식 하나 없었습니다. 그런 실패와 좌절을 겪던 아브라함에게 하나님께서 은혜를 베풀고자 하신 것이었습니다.

.... **묵상할 말씀** ....

"하나님이 미리 아신 자들을 또한 그 아들의 형상을 본받게 하기 위하여 미리 정하셨으니 이는 그로 많은 형제 중에서 맏아들이 되게 하려 하심이니라 또 미리 정하신 그들을 또한 부르시고 부르신 그들을 또한 의롭다 하시고 의롭다 하신 그들을 또한 영화롭게 하셨느니라."(롬8:29~30)

"찬송하리로다 하나님 곧 우리 주 예수 그리스도의 아버지께서 그리스도 안에서 하늘에 속한 모든 신령한 복을 우리에게 주시되 곧 창세 전에 그리스도 안에서 우리를 택하사 우리로 사랑 안에서 그 앞에 거룩하고 흠이 없게 하시려고 그 기쁘신 뜻대로 우리를 예정하사 예수 그리스도로 말미암아 자기의 아들들이 되게 하셨으니 이는 그가 사랑하시는 자 안에서 우리에게 거저 주시는 바 그의 은혜의 영광을 찬송하게 하려는 것이라."(엡1:3~6)

Q2. 하나님께서는 아브라함의 실수를 어떻게 감싸주셨는가?

하나님께서 약속하신 말씀을 믿고 아브라함은 하란에서 가나안으로 이주했습니다. 하지만 아브라함을 위한 거주 공간은 준비돼 있지 않았습니다. 그만큼 아브라함은 이리저리 옮겨 다니며 살아야 했습니다. 하나님께서는 그런 상황에서도 그 땅을 그 자손에게 주겠다고 약속(창12:7)했습니다.

그러자 아브라함은 그곳에 제단을 쌓았고, 다른 곳에서도 제단을(창12:8) 쌓았습니다. 그만큼 아브라함은 제사 중심의 사람이었습니다. 그러나 기근 때문에 먹을 것을 찾아 점점 남방으로 이주했고, 급기야 애굽(창12:10)까지 내려갔습니다.

"그가 애굽에 가까이 이르렀을 때에 그의 아내 사라에게 말하되 내가 알기에 그대는 아리따운 여인이라 애굽 사람이 그대를 볼 때에 이르기를 이는 그의 아내라 하여 나는 죽이고 그대는 살리리니 원하건대 그대는 나의 누이라 하라 그러면 내가 그대로 말미암아 안전하고 내 목숨이 그대로 말미암아 보존되리라 하니라"(창12:11~13)

아브라함이 애굽 땅에 당도할 무렵에 그의 아내 사라에게 한 말입니다. 자기 목숨을 지키고자 그의 아내를 여동생이라고 속이 겠다는 것이었습니다. "거짓의 아비는 마귀"(요8:44)인데 아브라함 은 실수 차원을 넘어 마귀에게 속한 생각을 했던 것입니다. 왜 그랬을까요? 하나님의 눈을 의식하지 못한 채 애굽 사람의 눈만 의식한 까닭이었습니다.

물론 유대 전승에 따르면 사라의 미모는 그 당시 모든 애굽 사 람들의 눈에 눈부실 정도로 아름다웠다고 전합니다.[47] 그렇지 않 았다면 아브라함도 그렇게까지 속일 생각은 없었을 것입니다.

그런데 그 당시 사라는 몇 살이었을까요? 아브라함이 이삭을 낳 을 때가 100세였고, 사라는 그때 90세(창17:17)였습니다. 아브라 함이 가나안으로 옮길 때가 75세였다면, 사라는 65세입니다. 오늘 날의 할머니뻘에 해당되는 나이지만 그 당시의 나이는 오늘날의 생물학적 나이와는 비교할 수는 없을 것입니다.

문제는 이집트의 파라오가 사라를 자기 아내로 삼고자 한 것이 었습니다. 그를 위해 파라오는 혼인 지참금 명목으로 양과 소와 노비와 나귀와 약대를 아브라함에게 줬습니다. 그날 밤 파라오가 사라를 취하려고 할 때 하나님께서 이집트 궁궐에 전염병을 일으 켜 사라를 보호해 주셨습니다. 물론 아브라함의 죄악을 파라오의 입(창12:18~19)을 통해 하나님께서는 꾸짖었습니다.

그런데 하나님께서는 아브라함이 죄악을 범할 때 수치를 당하게 하셨지만, 그의 존재마저 뒤흔든 것은 아니었습니다. 오히려 그의 연약함을 감싸주셨습니다. 그것은 아브라함이 그 후에 블레셋의 그랄 땅에 갔을 때도 마찬가지였습니다. 그때 아비멜렉 왕 앞에서 아브라함이 자기 아내를 여동생이라 속였는데, 그때도 하나님께서는 그의 연약함을 당신의 은혜로 품어주셨습니다.

···················· **묵상할 말씀** ····················

"그런즉 육신으로 우리 조상인 아브라함이 무엇을 얻었다 하리요 만일 아브라함이 행위로써 의롭다 하심을 받았으면 자랑할 것이 있으려니와 하나님 앞에서는 없느니라."(롬4:1~2)

"그러나 내가 나 된 것은 하나님의 은혜로 된 것이니 내게 주신 그의 은혜가 헛되지 아니하여 내가 모든 사도보다 더 많이 수고하였으나 내가 한 것이 아니요 오직 나와 함께 하신 하나님의 은혜로라."(고전 15:10)

Q3. 아브라함은 어떻게 롯을 구할 수 있었는가?

아브라함과 롯은 삼촌과 조카 사이입니다. 하나님께서 하란 땅에 살던 아브라함을 부르실 때 롯도 아브라함을 보고 따라갔습니다. 아브라함이 기근 때문에 애굽으로 내려가서 자기 아내를 여동생이라고 속일 때 실은 롯도 침묵으로 동조했던 것입니다.

아브라함이 조카 롯을 구출한 경로 48)

그때 애굽의 파라오가 사라를 아내로 얻는 대신 아브라함에게 혼인 지참금 명목으로 양과 소와 노비와 나귀와 약대를 줬습니다. 그때 받은 소유물이 점차 늘어나 아브라함과 롯의 가축 사이에 다툼이 생겼습니다. 의미 없는 소유의 증가로 다툼이 벌어진 것이었습니다. 그 일로 롯은 소돔과 고모라를 향해 떠났고, 아브라함은 헤브론 마므레 수풀에 거주(창13:18)했습니다.

헤브론(חֶבְרוֹן)은 교제를 뜻하는 말이고, 마므레(מַמְרֵא)는 힘(strength)과 날개(flap)를 뜻하는 말로서 아브라함이 하나님과 교제의 자리를 달구었다는 의미입니다.

그런데 조카 롯이 이주한 소돔 왕은 엘람 왕 그돌라오멜을 중심으로 한 네 나라를 12년간 섬긴 상태였습니다. 하지만 그 상태에서 벗어나려고 13년째 해에는 준비했고, 14년째 해에는 소돔 왕 베라를 중심으로 다섯 나라가 연합군을 이뤄서 싯딤 골짜기에서 전투를 벌였습니다. 하지만 소돔 왕을 중심으로 한 그 연합군은 자신들의 유리한 지점에서도 오히려 패배했습니다. 급기야 롯도 사로잡히고 말았습니다.

아브라함은 그 소식을 헤브론에서 전해 들었습니다. 롯을 주인으로 섬기던 종이 포로 행렬에서 도망쳐 나와 300km가 넘는 헤브론까지 찾아와 알려준 것이었습니다. 그때 아브라함은 그 종에게 환대했고, 집에서 훈련시킨 318명의 군사(창14:14)를 거느리고 출발했습니다. 그 당시 남자 장정이 318명이었다면, 아브라함은 그들의 여자와 아이들까지 합해 적어도 1,500명 가량은 돌본 족장이었습니다. 그날 아브라함은 헤브론에서 단(Dan)까지 200km 넘는 거리를 추격했고, 호바(חוֹבָה) 곧 숨겨진 곳(hiding place)까지 진격해서 롯을 구출해 냈습니다.

그렇듯 아브라함이 롯을 구출할 수 있었던 것은 집에서 훈련시킨 가신(家臣)들 때문입니다. 그를 통해 생각할 수 있는 것이 무엇일까요? 아브라함이 하나님과 교제의 자리를 뜨겁게 달구고 있었지만 그와 함께 집에서 군사들을 훈련시키는 일에도 소홀함이 없었다는 것입니다. 위급한 상황에 빠진 사람을 구해내는 것도, 형제를 사랑하는 일도(요일4:20), 결코 입으로만 가능한 게 아니라 행함으로 하는 것임을 일깨워 준 것입니다.

"자녀들아 우리가 말과 혀로만 사랑하지 말고 행함과 진실함으로 하자"(요일3:18)

"네 생각에는 이 세 사람 중에 누가 강도 만난 자의 이웃이 되겠느냐 이르되 자비를 베푼 자니이다 예수께서 이르시되 가서 너도 이와 같이 하라 하시니라."(눅10: 36~37)

"바로가 또 요셉에게 이르되 내가 너를 애굽 온 땅의 총리가 되게 하노라 하고 자기의 인장 반지를 빼어 요셉의 손에 끼우고 그에게 세마포 옷을 입히고 금 사슬을 목에 걸고 자기에게 있는 버금 수레에 그를 태우매 무리가 그의 앞에서 소리 지르기를 엎드리라 하더라 바로가 그에게 애굽 전국을 총리로 다스리게 하였더라"(창41:41~43)

Q4. 하나님께서 아브라함과 언약을 맺을 때 왜 3년 된 짐승을 원하셨나?

하나님께서 아브라함으로 하여금 언약을 체결코자 하셨습니다. 그래서 아브람에게 3년 된 염소와 3년 된 암염소와 3년 된 수양, 그리고 집비둘기와 산비둘기 새끼를 취하도록 했습니다(창15:9).

고대 근동의 계약은 계약자가 쌍방 간에 짐승을 쪼개고, 그 쪼갠 짐승 사이를 지나가는 것으로 계약을 체결했습니다. 짐승을 쪼갠다는 것은 피를 흘리는 것을 의미하는 것으로, 쌍방 간에 신실함을 입증하는 행위였습니다.[49)]

그리고 그 쪼갠 짐승 사이를 지나간다는 것은 만약 쌍방이 계약을 성실하게 이행하지 않을 시에는 그 짐승을 쪼갠 것처럼 서로가 피를 보듯 쪼개지는 사이가 될 것(렘34:18~20)이라는 뜻이었습니다. 그만큼 그런 일이 일어나지 않도록 서로가 신실하게 언약을 이행하자는 취지였던 것입니다.

아브라함은 그와 같은 하나님의 말씀에 따라 3년 된 염소와 3년 된 암염소, 그리고 3년 된 우양을 준비해서 잘 쪼개어 놓았습니다. 물론 집비둘기와 산비둘기 새끼는 쪼개지 않았는데, 그 또

한 하나님의 명령하심에 따른 일이었습니다.

그렇다면 왜 하필 그 짐승들 가운데 3년 된 것들을 준비토록 하셨을까요? 그것은 아브라함의 신앙 연도와 관련이 있다고 볼 수 있습니다. 창세기 12장에서 하나님께 아브라함을 부르실 때의 나이가 75세였고, 창세기 16장에서는 그의 나이는 85세가 된 때였습니다. 그런 차원에서 볼 때 하나님께서 아브라함과 언약을 맺을 때가 3년째 된 시점이었다는 것을 알 수 있습니다.

이것은 훗날 하나님께서 이스라엘 백성들과 시내산 언약을 체결할 때와 비슷한 모습입니다. 하나님께서는 400년간 이집트 땅에 종살이하던 이스라엘 백성들을 유월절 어린 양의 피를 통해 해방시켜 주셨고, 홍해를 건너 신 광야와 르비딤을 거쳐 시내 광야에 당도한 3개월(출19:1) 시점 곧 50일째 되는 시점에 쌍방간에 언약식을 체결했습니다. 그때도 짐승의 피를 준비해서 절반은 하나님의 제단에 뿌렸고, 나머지 절반은 그 백성들을 향해 뿌렸습니다 (출24:8).[50] 그때 그들은 십계명을 비롯한 하나님의 율례와 법도를 잘 준행하겠다고 맹세했습니다. 그로서 시내산 언약이 체결됐는데, 바로 그 사건이 하나님과 아브라함 사이에 맺은 언약과 흡사하다는 점입니다.

그런 차원에서 볼 때 하나님께서 3년 된 아브라함과 언약식을 체결한 이유가 무엇인지 알 수 있습니다. 그것은 하나님과 단순한 거래의 관계를 넘어 앞으로는 신뢰의 관계로 우뚝 서기를 바라신 하나님의 뜻이었습니다.

···························· **묵상할 말씀** ····························

"모세가 여호와의 모든 말씀을 기록하고 이른 아침에 일어나 산 아래에 제단을 쌓고 이스라엘 열두 지파대로 열두 기둥을 세우고 이스라엘 자손의 청년들을 보내어 여호와께 소로 번제와 화목제를 드리게 하고 모세가 피를 가지고 반은 여러 양푼에 담고 반은 제단에 뿌리고 언약서를 가져다가 백성에게 낭독하여 듣게 하니 그들이 이르되 여호와의 모든 말씀을 우리가 준행하리이다 모세가 그 피를 가지고 백성에게 뿌리며 이르되 이는 여호와께서 이 모든 말씀에 대하여 너희와 세우신 언약의 피니라."(출24:4~8)

"이와 같이 예수는 더 좋은 언약의 보증이 되셨느니라."(히7:22)

"대제사장이 해마다 다른 것의 피로써 성소에 들어가는 것 같이 자주 자기를 드리려고 아니하실지니 그리하면 그가 세상을 창조한 때부터 자주 고난을 받았어야 할 것이로되 이제 자기를 단번에 제물로 드려 죄를 없이 하시려고 세상 끝에 나타나셨느니라."(히9:25~26)

Q5. 하나님께서 소돔 성읍을 심판하신 진정한 이유는?

소돔 성읍이 심판받은 게 동성애 때문이라고 생각하는 경향이 있습니다. 하지만 그것은 여러 이유 중 하나일 뿐입니다. 가장 중요한 것은 소외된 자들을 돌보지 않는 삶, 곧 고아와 과부와 나그네와 같은 사회적인 약자에 대해 관대하지 않은 까닭이었습니다.

그것은 창세기 18장과 19장을 비교해 보면 환히 알 수 있습니다. 창세기 18장에는 아브라함이 천사들, 곧 나그네를 대접한 모습이 나옵니다. 아브라함은 그 일행을 보고 뛰어나가, 발 씻을 물을 직접 준비해서, 12되나 되는 떡과 살진 송아지와 우유와 버터까지 대접했습니다.

그에 비해 창세기 19장에 나오는 소돔 성읍의 롯은 아무 것도 준비하지 않는 채 무교병만 간신히 차릴 뿐이었습니다. 무교병은 길을 나설 채비를 하는 사람에게 먹이는 것입니다. 그만큼 롯은 형식적인 모습만 갖춘 셈이었습니다.

롯은 왜 그들에게 푸대접한 것이었을까요? 소돔 성읍의 방식에 이미 동화되었기 때문입니다. 소돔 사람들은 사회적인 약자에 대해 관대하지도 않았고 소외된 사람들에게 관대하지도 않았습니다.

오히려 그런 자들이 있으면 짓밟고 약탈하는 삶을 살았던 것입니다. 롯의 집에 온 나그네들을 보고 소돔 사람들이 상관하겠다고 한 것도 그런 이유였습니다.

그런데 우리말 '상관하다'는 히브리어 '야다'(ידע)는 '성관계를 갖는다'는 뜻입니다. 그것도 남녀 간의 혼인을 전제로 한 신성한 관계가 아니라 남자가 남자를 취해 관계를 갖겠다는 것이었습니다. 더 놀라운 것은 '노소(老少)를 막론'(창19:4)하고 대부분의 사람들이 그런 삶에 빠져 있었던 것입니다.

물론 그런 동성애는 소돔 성읍에서 처음으로 발생한 게 아니었습니다. 고대 메소포타미아 사회나 유목민 사회에서 심심찮게 일어난 일이었습니다. 그 당시는 일부다처제 사회로 전쟁의 미망인에 대한 구제나 보호가 있었습니다. 하지만 매일 전쟁을 한 것은 아니었기 때문에 한 남자가 여러 아내를 거느리며 살았습니다. 그로 인해 성 비율이 맞지 않아 동성애가 발생한 것이었습니다. 더욱이 목축업을 하는 사회 속에서 동물과 성관계를 갖는 일도 있었습니다.[51] 물론 하나님께서는 당신의 백성들에게는 그런 변태적인 성행위를 철저하게 금지하는 규례(레20:13~15)를 정하셨습니다.

훗날 에스겔 선지자는 예루살렘 성읍의 사람들에 대해 평가하면서 소돔 성읍의 사람들보다 훨씬 못하다고 선포한 바 있습니다. 그 말씀 속에서 소돔 성읍이 멸망당한 근원적인 원인에 대해 밝혔습니다. 그들의 성적인 가증함은 부차적인 요인이고, 보다 근본적인 원인은 그들의 풍부와 교만 속에서 가난한 자와 궁핍한 자를 돌보지 않는 삶(겔15:48~49)에 있었다고 말입니다.

·············· **묵상할 말씀** ··············

"너는 이방 나그네를 압제하지 말며 그들을 학대하지 말라 너희도 애굽 땅에서 나그네였음이라"(출22:21)

"내가 기뻐하는 금식은 흉악의 결박을 풀어 주며 멍에의 줄을 끌러 주며 압제 당하는 자를 자유하게 하며 모든 멍에를 꺾는 것이 아니겠느냐 또 주린 자에게 네 양식을 나누어 주며 유리하는 빈민을 집에 들이며 헐벗은 자를 보면 입히며 또 네 골육을 피하여 스스로 숨지 아니하는 것이 아니겠느냐 그리하면 네 빛이 새벽 같이 비칠 것이며 네 치유가 급속할 것이며 네 공의가 네 앞에 행하고 여호와의 영광이 네 뒤에 호위하리니 네가 부를 때에는 나 여호와가 응답하겠고 네가 부르짖을 때에는 내가 여기 있다 하리라."(사58:6~9)

"오직 선을 행함과 서로 나누어 주기를 잊지 말라 하나님은 이같은 제사를 기뻐하시느니라"(히13:16)

Q6. 하나님께서는 왜 아브라함에게 하갈을 내쫓도록 하셨는가?

아브라함 부부의 종이 된 하갈은 '애굽 사람'(창16:1)이었습니다. 그런데 하갈은 언제쯤 그들의 종이 되었을까요? 아브라함이 애굽에 내려갔을 때 사라의 일로 파라오에게 혼인지참금을 받은 일이 있는데, 그때 짐승만 받은 게 아니라 종들도 얻었습니다. 바로 그 무렵에 하갈을 얻게 된 것이었습니다.

유대 전승에 따르면 하갈은 파라오의 딸[52]이었다고 소개합니다. 그런 특권층의 여인이 왜 아브라함과 사라의 몸종으로 들어간 것일까요? 하나님께서 사라의 일로 파라오의 집에 재앙을 내릴 때, 그녀는 파라오의 공주로서 모든 것을 지켜봤습니다. 그만큼 하나님께서는 애굽의 모든 신들보다 월등하다는 것을 실감했던 것입니다. 그 일로 공주로 지내는 것보다 사라의 몸종으로 들어가는 게 낫다고 판단한 것[53]입니다. 그만큼 아브라함의 우산 속에 들어가는 것이 하나님의 보호막 속에라도 들어갈 수 있는 길임을 내다본 것이었습니다.

그 후에 사라가 자식을 낳지 못하자 몸종 하갈을 통해 아들을 얻고자 했습니다. 아브라함의 나이 86세 때(창16:16) 바로 그녀를 통해 이스마엘을 낳았습니다. 그런데 하갈이 여주인 사라를 무시

한 일이 일어났고, 그 일로 사라가 몸종 하갈을 학대했습니다. 그러자 하갈은 그 학대를 견디지 못하고 집을 나와버렸습니다. 하지만 하나님께서는 그녀에게 찾아와 주인의 집에 다시금 들어가도록 말씀했습니다.

그런데 아브라함의 나이 100세(히11:12)에 태어난 이삭이 젖 뗄 무렵에는 그 상황이 달랐습니다. 그때 17살 된 이스마엘이 3살 된 이삭을 놀려댔습니다. 그 일을 목격한 사라는 아브라함에게 하갈을 쫓아내도록 원했습니다. 놀랍게도 하나님께서 이번에는 그 모자(母子)를 내보내도록(창21:12) 아브라함에게 말씀하셨습니다.

그 이유가 무엇일까요? 무엇보다도 이스마엘이 이때는 장성했다는 점입니다. 이스마엘이 하갈과 함께 처음 집에서 쫓겨날 때는 갓난 아이였습니다. 그만큼 돌봄이 필요한 상황이었습니다. 하지만 지금은 17살 된 이스마엘이 홀로 세상을 헤쳐나갈 수 있는 충분한 나이였습니다.

또 다른 이유도 있습니다. 이스마엘이 이삭을 놀려댄 것과 관련된 까닭입니다. 우리말 '놀리다'는 히브리어 '짜하크'(צחק)는 '희롱하다'는 뜻입니다. 신약성경의 로마 군인들이 예수님을 희롱할 때 쓰인 '엠파이조'(ἐμπαίζω)라는 단어와 같습니다. 이스마엘은 자기 어머니가 받은 학대와 자신이 서자로 내몰린 일에 대해 앙갚음하고자 이삭을 조롱한 셈이었습니다. 그것이 화근이 되어 쫓겨난 것이었습니다.

마지막 이유가 있다면 그것입니다. 사도 바울의 관점(롬9:7~8)처럼, 육의 상징인 이스마엘은 영의 상징인 이삭과 함께 할 수 없다는 점 말입니다. 하나님께서는 참된 믿음의 삶을 위해 육적인 것을 끊어내도록 하신 것이었습니다.

물론 하나님께서는 하갈과 이스마엘을 그렇게 정리하도록 했지만 그녀와 그 아들 이스마엘의 삶을 신실하게 책임져 주셨습니다. 아브라함도 훗날 자기 재산을 정리할 때 이삭에게는 물론이고 그 서자들(창25:6) 곧 이스마엘에게도 충분히 나눠줬습니다.

"천하에 범사가 기한이 있고 모든 목적이 이룰 때가 있나니 날 때가
있고 죽을 때가 있으며 심을 때가 있고 심은 것을 뽑을 때가 있으며
… 하나님이 모든 것을 지으시되 때를 따라 아름답게 하셨고 또 사
람들에게는 영원을 사모하는 마음을 주셨느니라 그러나 하나님이 하
시는 일의 시종을 사람으로 측량할 수 없게 하셨도다."(전3:1~11)

"그런즉 형제들아 우리는 여종의 자녀가 아니요 자유 있는 여자의 자
녀니라."(갈4:31)

"아브라함의 씨가 다 그 자녀가 아니라 오직 이삭으로부터 난 자라야
네 씨라 칭하리라 하셨으니 곧 육신의 자녀가 하나님의 자녀가 아니
라 오직 약속의 자녀가 씨로 여기심을 받느니라."(롬9:7~8)

Q7. 아브라함이 믿음의 조상으로 불린 진정한 이유는?

　이스라엘 백성은 아브라함을 믿음의 조상(눅1:73)으로 여깁니다. 사도 바울도 "우리 모든 사람의 조상이라"(롬4:16)이라고 칭합니다. 과연 아브라함의 어떤 모습 때문에 그렇게 부른 것일까요? 100세 때 낳은 독자 이삭을 하나님께서 번제로 바치라고 했을 때(창22:2) 순종한 믿음 때문일까요?

　사실 아브라함이 그렇게 하고 싶어도 이삭이 도망쳐 버렸다면 그 일은 불가능했을 것입니다. 당시에 37살로 추정되는 이삭[54]은 얼마든지 도망칠 수도 있었습니다.[55] 그런데도 그는 기꺼이 순응했습니다. 그 이유가 무엇이었을까요? 평소 아버지 아브라함을 품어주시고 인도하신 하나님의 은혜를 목격했기 때문입니다.

　그런데 이삭은 사라가 127세를 향수하고 죽을 무렵(창23:1)에 아브라함 곁을 떠나 브엘라해로에(창24:62) 거주하고 있었습니다. 그곳은 예전에 하갈이 사라의 학대를 못 이겨 이스마엘과 함께 도망친 곳(창16:14)입니다. 또한 17살된 이스마엘이 3살된 이삭을 희롱한 일로 완전히 쫓겨난 바란 광야(창21:21)의 근처였습니다.

　이삭은 왜 브엘라해로이에 거주했던 것일까요? 창세기 25장에 나오는 아브라함의 후처 '그두라'와 연관이 있습니다. 우리말 '그두라'로 번역된 히브리어로 '케투라'(קטורה)는 '향'(incense)을 뜻하는 말입니다. 유대 전승에서는 그녀를 하갈로 보기도 합니다.[56] 물론 몇몇 랍비들은 그에 동의하지 않은 경향[57]도 없잖아 있습니다.

그런데 하갈이 아닌 다른 여자였다면 이삭이 브엘라해로에 거주할 이유가 없었을 것입니다. 그렇지 않았다면 창세기 25장을 그 부분과 연결시키지도 않았을 것입니다. 그만큼 이삭이 브엘라해로이에 간 것은 이전에 함께 살던 하갈을 모셔와서 아버지 아브라함 곁을 채워주고자 했던 것[58]입니다.

그 후에 아브라함과 하갈 사이에서 시므란, 욕산, 므단, 미디안, 이스박, 수아가 태어났고(창25:2,대상1:32), 그 후손들은 팔레스타인 동쪽의 아람 족속이 되었습니다. 그를 통해 아브라함은 "여러 민족의 아버지가 되게"(창17:5) 하신다는 하나님의 뜻을 성취하게 되었습니다.

그 아브라함이 175세에 죽을 때 이삭을 비롯한 모든 서자들에게 재산을 나눠줬습니다(창25:5~7). 자신이 뿌린 삶에 대해서 책임을 다하고자 한 까닭이었습니다. 더욱이 그 재산 때문에 자식들 사이에 다툼이 일어나지 않도록 미리 정리코자 한 셈이었습니다. 그런 모습 때문이었을까요? 아브라함은 75세의 이삭과 89세의 이스마엘, 그리고 15살 된 이삭의 쌍둥이 아들 에서와 야곱의 애도 속에서 하나님의 부름을 받았습니다.

이상과 같은 모습을 볼 때 아브라함이 믿음의 조상이 된 것은 아브라함 스스로의 믿음이 출중했거나 그의 능력이 월등했던 까닭이 아님을 알 수 있습니다. 처음 하나님의 부름을 받을 때나, 중간에 엉뚱한 일을 벌일 때나, 마지막에 여러 민족의 아버지가 된 것, 그것은 전적인 하나님의 은혜로 빚어주신 결과였습니다.

·························· **묵상할 말씀** ··························

"아브라함이나 그 후손에게 세상의 상속자가 되리라고 하신 언약은 율법으로 말미암은 것이 아니요 오직 믿음의 의로 말미암은 것이니라."(롬4:13)

"사람이 의롭게 되는 것은 율법의 행위로 말미암음이 아니요 오직 예수 그리스도를 믿음으로 말미암는 줄 알므로 우리도 그리스도 예수를 믿나니 이는 우리가 율법의 행위로써가 아니고 그리스도를 믿음으로써 의롭다 함을 얻으려 함이라 율법의 행위로써는 의롭다 함을 얻을 육체가 없느니라."(갈2:16)

ㅣ 이삭의 이야기 속에 담긴 7가지 질문 ㅣ

이삭의 이야기(창25:19—37:1)는 다음과 같은 사건으로 구성돼 있습니다. 아브라함의 나이 100세 때 태어난 그는, 그의 나이 37살 때 번제로 바쳤고, 여호와 이레이신 하나님께서 그를 죽음 가운데서 살려내 주셨고, 기근 때문에 그의 아내와 함께 애굽에 내려가서 수모를 당할 뻔했는데, 하나님께서 은혜를 베풀어 주셔서 다시금 가나안 땅으로 올라와, 쌍둥이 아들 에서와 야곱을 낳았고, 별미 사건으로 인해 아들 야곱과 생이별을 해야 했던 삶입니다.

그와 같은 이삭의 이야기를 읽어나갈 때 다음과 같은 7가지 질문을 품게 되었습니다.

첫째 이삭의 생애 속에 하나님께서 깊이 찾아오신 때는 언제였을까?

둘째 이삭의 아들 에서가 '익숙한 사냥꾼'이었다는 뜻은 무엇일까?

셋째 이삭의 아들 야곱이 '장막에 거주했다'는 뜻은 무엇인가?

넷째 이삭이 아내를 속였을 때 하나님께 어떻게 감싸주셨나?

다섯째 이삭이 원했던 '별미'가 주는 의미는 무엇일까?

여섯째 하나님께서 이삭의 아들 에서에게는 기회를 주지 않았을까?

일곱째 이삭의 아들 야곱은 왜 라반을 만났을까? 야곱에게 드보라는 어떤 존재였을까?

Q1. 이삭의 생애 속에 하나님께서 깊이 찾아오신 때는?

이삭은 100살 된 아버지 아브라함과 90살 된 어머니 사라 밑에서 태어난 아들입니다. 그는 태어난 지 8일 만에 할례받은 첫 번째 자녀가 되었습니다. 어떤 면에서 본다면 히브리인으로 태어난 최초의 아들이라 할 수 있습니다.

그런데 이삭은 어렸을 때부터 나이가 들 때까지 숱한 어려움을 겪었습니다. 그의 나이 3살 무렵에 17살 된 이복형 이스마엘에게 온갖 조롱과 학대를 받았습니다. 그의 나이 37살 무렵[59]에는 아버지가 자신을 하나님께 번제물로 바치고자 했습니다. 그때도 그는 묵묵히 하나님의 뜻이 성취되기를 바라며 순종했습니다.[60] 마치 30대의 예수님께서 하나님의 뜻을 따라 십자가에 제물된 것과 같은 격입니다.

그런데 그 후에 이삭의 어머니 사라는 갑자기 세상을 떠납니다. 유대 전승에서는 남편 아브라함이 자식을 번제물로 바쳤다는 소식을 듣고 그녀가 병이 들어 세상을 떠난 것[61]으로 알려져 있습니다. 그러자 아버지 아브라함은 아들 이삭을 위해 배필을 맺어주고자 계획을 세웠습니다. 그때 아브라함은 늙은 종 엘리에셀을 고향 땅에 보냈고, 하나님의 섭리 가운데 조카 브두엘의 딸 리브가를 만나 이삭의 아내로 데려왔습니다. 그와 같은 3년의 흐름 속에서 이삭은 40세에 이르러 리브가와 신혼 첫날밤을 보낼 수 있었습니다.

그런데 이삭은 리브가와 결혼한 지 20년이 지나도록 자녀가 생기지 않았습니다. 그와 같은 결핍의 문제를 놓고 그는 하나님께 간절히 기도를 올렸습니다. 하나님께서는 그 부부를 긍휼히 여기셨고 이삭의 나이 60세에 리브가의 태를 열어주셨습니다. 더 놀라운 것은 쌍둥이가 태어난 것이었습니다. 첫째는 '붉고 털이 많다'고 해서 '에서'(창25:25)로 이름을 지었고, 둘째는 형의 '발뒤꿈치'를 잡고 나왔다고 해서 '야곱'(창25:26)이라 칭했습니다.

어떤가요? 그와 같은 이삭의 삶을 헤아려 볼 때 그가 언제 하나님을 깊이 만나게 됐을까요? 마흔 살의 나이에 혼인은 했지만 자식을 낳지 못하는 20년의 결핍 속에 있을 때였을 것입니다.

물론 "죽은 자와 같은"(히11:12) 아브라함과 사라를 통해서 세상에 빛을 볼 때도, 이복형이 자신을 괴롭힐 때도(창21:9), 아버지가 자신을 이끌고 모리아 산에 번제로 바칠 때 여호와 이레의 숫양이 준비돼 있을 때도(창22:13), 그리고 우물에서 숭능을 찾는 것처럼 아버지의 고향 땅에 살던 리브가가 자신에게 다가와 결혼식을 올릴 때도(창24:67), 하나님께서는 때마다 그에게 찾아와 은혜를 베풀어 주셨습니다.

하지만 그가 하나님의 살아계심을 가장 깊이 체험케 된 것은 20년의 결핍 속에 거하던 그 때였을 것입니다. 자기 힘과 능력으로는 안 된다는 것을 인식하고 있을 때 말입니다. 그것은 25년간 하나님께서 빚어주신 아브라함도, 종살이 11년과 2년간 옥살이를 한 요셉도, 8년간 사울에게 쫓겨다닌 다윗도, 고향 다소에서 7년간 칩거한 바울도 마찬가지였습니다.

·························· **묵상할 말씀** ··························

"환난 날에 나를 부르라 내가 너를 건지리니 네가 나를 영화롭게 하리로다"(시50:15)

"그는 곤고한 자에게 손을 펴며 궁핍한 자를 위하여 손을 내밀며."(잠31:20)

"디베료 황제가 통치한 지 열다섯 해 곧 본디오 빌라도가 유대의 총독으로, 헤롯이 갈릴리의 분봉 왕으로, 그 동생 빌립이 이두래와 드라고닛 지방의 분봉 왕으로, 루사니아가 아빌레네의 분봉 왕으로, 안나스와 가야바가 대제사장으로 있을 때에 하나님의 말씀이 빈 들에서 사가랴의 아들 요한에게 임한지라."(눅3:1~2)

Q2. 이삭의 아들 에서가
'익숙한 사냥꾼'이었다는 뜻은 무엇일까?

"그 아이들이 자라 에서는 능숙한 사냥꾼이 되어 들을 좋아하였고 야곱은 조용한 사람이어서 집에 머물러 있기를 좋아하였다." (창25:27, 현대인의성경)

'에서'라는 이름은 히브리어 '아사'(עשה)에서 온 말로 '하다'(to do) '만들다'(to make), '해내다'(accomplish)는 뜻[62]이 있습니다. 그만큼 '에서'는 자기 힘과 능력을 의지하며 살았던 인물입니다. 그것이 나중에 능숙한 사냥꾼으로 이어진 것입니다.

그렇다면 에서가 '능숙한 사냥꾼'으로서 들판을 좋아했다는 것은 단지 사냥만 좋아했다는 뜻일까요? 그렇지 않습니다. 그가 집 밖을 나서 들판을 누비며 살았다는 것은 아버지의 집, 곧 '하나님의 품'을 떠나 세상의 타락한 문화를 즐기는 자로 살았다는 뜻입니다.

아브라함이 죽을 때의 나이가 175세였습니다. 그때 이삭은 75세였고, 에서와 야곱은 쌍둥이로서 15살이었습니다. 그렇다면 에서와 야곱, 그 중에서도 장자인 에서는 어땠을까요? 할아버지 아브라함이 하나님께로부터 받은 믿음의 족보 곧 구원사의 족보를 아버지 이삭이 이어받도록 했고, 그 족보를 장자인 에서가 이어받아야 한다는 것을 귀가 따갑도록 듣지 않았을까요?

그러나 에서는 아브라함이 부여받은 믿음의 족보를 잇는 책무를 싫어했던 것입니다. 그 까닭에 일찍부터 아버지의 집을 박차고 나가 들판을 누비며 자유분방한 삶을 살았던 것입니다. 에서의 그런 삶에 대해 성경은 그렇게 평가하고 있습니다. "에서가 장자의 명분을 가볍게 여김이었더라."(창25:34) 우리말 '가볍게 여기다'는 히브리어 '바짜하'(בזה)는 '경멸히 여기다'(despise) '박차버리다'(spurned)는 뜻입니다. 그것이 어떤 의미를 지닌 것일까요?

구약의 히브리어를 아람어로 번역한 타르굼(Targum of Jonathan)에서는 에서가 들에서 사냥하고 돌아오는 그때 이미 다섯 가지 죄를 범한 상태라고 이야기합니다. 이방 신을 숭배한 것, 무죄한 피를 흘린 것, 이방 족속의 처자와 약혼한 것, 미래의 구세주를 잇는 계보를 부정한 것, 그리고 장자의 권리를 경멸한 것 [63]말입니다.

신약성경의 히브리서에서는 "음행하는 자와 혹 한 그릇 음식을 위하여 장자의 명분을 판 에서와 같이 망령된 자가 없도록 살피라"(히12:16)하고 말씀합니다. 구약의 율법에 정통한 바울, 히브리서를 쓴 인물로 추정되는 바울은 그만큼 음행한 자와 장자의 명분을 판 에서를 동급으로 본 것입니다.

그처럼 에서는 믿음의 족보 곧 구원사의 족보를 잇는 데는 관심이 없었습니다. 오직 자기 욕망을 위한 우상 숭배자로서 가나안의 문화에 젖어 살았던 것입니다. 그 까닭에 에서의 나이 40세에 가나안의 여인들 곧 이방신을 좇는 여인들과 결혼했을 때(창 26:34-35) 이삭과 리브가는 근심하지 않을 수 없었던 것입니다.

"그러므로 이스라엘의 하나님 나 여호와가 말하노라 내가 전에 네 집과 네 조상의 집이 내 앞에 영원히 행하리라 하였으나 이제 나 여호와가 말하노니 결단코 그렇게 하지 아니하리라 나를 존중히 여기는 자를 내가 존중히 여기고 나를 멸시하는 자를 내가 경멸하리라."(삼상2:30)

"너희는 이 세대를 본받지 말고 오직 마음을 새롭게 함으로 변화를 받아 하나님의 선하시고 기뻐하시고 온전하신 뜻이 무엇인지 분별하도록 하라 내게 주신 은혜로 말미암아 너희 각 사람에게 말하노니 마땅히 생각할 그 이상의 생각을 품지 말고 오직 하나님께서 각 사람에게 나누어 주신 믿음의 분량대로 지혜롭게 생각하라."(롬12:2~3)

"그러므로 땅에 있는 지체를 죽이라 곧 음란과 부정과 사욕과 악한 정욕과 탐심이니 탐심은 우상 숭배니라 이것들로 말미암아 하나님의 진노가 임하느니라."(골3:5~6)

"그리스도 예수의 사람들은 육체와 함께 그 정욕과 탐심을 십자가에 못 박았느니라 만일 우리가 성령으로 살면 또한 성령으로 행할지니 헛된 영광을 구하여 서로 노엽게 하거나 서로 투기하지 말지니라."(갈5:24~26)

Q3. 이삭의 아들 야곱이 '장막에 거주했다'는 뜻은 무엇인가?

'야곱'은 히브리어로 '아케브'(עָקֵב)인데 그 뜻은 '뒤꿈치를 붙잡는 자'(heel holder)입니다. 물론 그 단어에는 '속임수'(trickery)와 '책략'(deceit)이란 의미도 들어 있습니다. 그처럼 야곱은 형 에서의 발뒤꿈치를 붙잡고 태어났지만 속임수와 책략에 능한 자였습니다.

그런데 형 에서가 들판을 누비며 익숙한 사냥꾼으로 살 때 동생인 그는 어떤 삶을 살았을까요? "야곱은 조용한 사람이었으므로 장막에 거주하니"(창25:27)라고 성경은 밝혀주고 있습니다. 새번역 성경은 "야곱은 성격이 차분한 사람이 되어서, 주로 집에서 살았다."라고, 현대인의성경은 "야곱은 조용한 사람이어서 집에 머물러 있기를 좋아하였다."라고 번역해 놓고 있습니다.

그런데 야곱이 조용하거나 차분하게 살았다는 것은 무슨 의미일까요? '조용하다'로 번역된 히브리어 '탐'(תָּם)은 '완전한'(complete), '평범한'(plain), '조용한'(quiet), '도덕적으로 결백한'(morally innocent) 등의 뜻이 있습니다.

그 단어는 모세의 이전의 사람으로 알려진 욥을 일컬어서 '온전하고 의롭고 정직한 사람(욥1:1, 욥1:8, 욥22:3)이라고 할 때 쓰인 것과 같습니다. 그런데 대부분의 영문판 성경에서는 '조용한 사람', '유순한 사람', '평화로운 사람'으로 번역하고 있습니다. 이런 점들을 참고할 때 야곱이 '조용했다'는 뜻은 들판을 누비며 자유로운 사냥꾼으로 살았던 에서와는 대조적인 관점으로 받아들이는 것이 좋을 것입니다. 그저 집 안에서 평범하고 조용하게 살았다는 뜻[64] 말입니다.

그렇다면 그가 '장막에 거주했다'는 것은 무슨 의미일까요? 그것은 이동식 목축업을 하며 살았던 아버지의 품과 질서를 존중하며 살았다는 뜻입니다. 야곱은 형과 달리 아버지의 품을 떠나지 않았고, 아버지의 사랑 안에 거하는 것을 좋아한 것입니다. 좀 더 깊은 의미를 부여하자면, 야곱은 아버지의 품을 통해 하나님 아버지의 품을 좋아했다는 뜻이고, 그런 아버지 하나님 안에 거하는 질서를 따르며 살았다는 의미입니다. 에서와는 정 반대되는 삶을 산 것입니다.

그런데 야곱이 아버지의 품과 질서를 좋아했다고 해서 그의 성품 자체가 완벽한 것은 아니었습니다. 야곱은 태어날 때부터 형의 발꿈치를 잡고 태어날 정도로 욕심이 많았고, 속임수와 책략에 능통했습니다. 형이 들판을 누비다가 기진맥진할 때 팥죽으로 형의 장자권을 산 것도 그런 연유였습니다. 더욱이 아버지가 형을 축복하고자 별미를 만들어 오도록 할 때 그것마저 어머니와 공모해

가로챈 일이 있습니다. 물론 다른 측면에서 볼 때 야곱은 그토록 장자의 권한을 원했다는 것을 알 수 있습니다.

그 연약한 성품의 소유자인 야곱이 어떻게 하나님의 복을 받게 되었을까요? 에서와 달리 야곱은 하나님의 품 안에 거하기를 원하는 아버지의 바람, 하나님의 은혜 안에 거한 까닭이었습니다. 하나님께서는 그런 야곱에게 자비를 베푸셔서 믿음의 족보를 써 내려가도록 다듬어 주신 것입니다.

"할렐루야 여호와의 이름을 찬송하라 여호와의 종들아 찬송하라 여호와의 집 우리 여호와의 성전 곧 우리 하나님의 성전 뜰에 서 있는 너희여 여호와를 찬송하라 여호와는 선하시며 그의 이름이 아름다우니 그의 이름을 찬양하라 여호와께서 자기를 위하여 야곱 곧 이스라엘을 자기의 특별한 소유로 택하셨음이로다."(시135:1~4)

"나는 참포도나무요 내 아버지는 농부라 무릇 내게 붙어 있어 열매를 맺지 아니하는 가지는 아버지께서 그것을 제거해 버리시고 무릇 열매를 맺는 가지는 더 열매를 맺게 하려 하여 그것을 깨끗하게 하시느니라 너희는 내가 일러준 말로 이미 깨끗하여졌으니 내 안에 거하라 나도 너희 안에 거하리라 가지가 포도나무에 붙어 있지 아니하면 스스로 열매를 맺을 수 없음 같이 너희도 내 안에 있지 아니하면 그러하리라 나는 포도나무요 너희는 가지라 그가 내 안에, 내가 그 안에 거하면 사람이 열매를 많이 맺나니 나를 떠나서는 너희가 아무 것도 할 수 없음이라."(요15:1~5)

Q4. 이삭이 자기 아내를 속였을 때
하나님께 어떻게 감싸주셨는가?

이삭에게 기근이 닥쳐왔습니다. 그 기근은 아브라함이 가나안 땅에 살 때 불어온 기근과 흡사했습니다. 그때 아브라함은 점점 남방으로 가다가 이집트까지 내려갔습니다. 이삭도 지금 그런 상황에 직면한 것입니다.

그때 이삭은 가나안 지역의 브엘라해로이로부터 13km 떨어진 블레셋의 경계선 '그랄'(גְּרָר, drag away[65], 창26:1)로 내려갔습니다. 하나님께서는 그런 이삭에게 나타나서 애굽으로 내려가지 말라고 말씀하셨습니다. 선택의 여지가 없던 이삭은 더 이상 이집트로 내려가지 않고 그곳에 거주했습니다.

그런데 그랄 지역 사람들이 이삭의 아내 리브가가 누구인지 물었습니다. 그때 이삭은 여동생이라고 속였습니다. 마치 자기 아버지 아브라함이 했던 것과 똑같이 속인 것이었습니다. 부전자전(父傳子傳)이고 할 수 있을까요?

어느 날 그랄 왕 아비멜렉은 이삭이 리브가를 껴안은 모습을 봤습니다. 그 일로 아비멜렉은 이삭을 불러 호되게 책망했습니다.

왜죠? 이전에 아브라함과 사라의 일로 하나님의 심판을 받을 뻔한 일을 겪은 애굽의 파라오로부터 들었던 까닭입니다. 자칫 잘못하면 자신도 그런 화를 당해 자기 가문은 물론이고 모든 그랄 사람들이 죽음에 처할 수 있다고 생각한 것이었습니다.

그래서 아비멜렉은 아브라함과 사라를 보살펴 주신 하나님의 살아계심을 떠올리며 이삭을 책망했던 것입니다. 그때 아비멜렉은 자기 자신과 온 백성들이 하나님의 심판을 받지 않도록, 이삭과 리브가에게 해를 끼치지 말도록 칙령을 발표했습니다.

그만큼 하나님께서는 자기 아내를 여동생이라고 속이고자 했던 이삭을 긍휼과 자비로 감싸주신 것이었습니다. 다만 이삭의 어리석음을 일깨워주고자 그랄 왕 아비멜렉의 입술을 사용하신 것이었습니다. 그만큼 하나님께서는 그 연약한 이삭을 은혜로 빚어서 하나님의 사람이 되게 하신 것입니다. 더욱이 그 후에 이삭이 농사를 지었을 때 하나님께서는 그 해에 100배나 되는 소출을 올려 거부가 되게 해 주셨습니다.

그런데 성공은 누군가에게 적대감을 낳는 것 아닙니까? 이삭이 부자가 되어 우물을 팠을 때 블레셋의 목자들이 시기하여 이삭의 목자들과 다툼이 일어난 게 그것입니다. 그때 이삭은 그 우물의 이름을 '에섹'(עֵשֶׂק, oppress, 창26:20)이라고 칭했고 곧장 양보했습니다. 그리고 이삭은 다른 곳에 우물을 팠는데 그때도 다툼이 일어나 '싯나'(שִׂטְנָה, enmity, 창26:21)라고 불렀습니다. 그 후에 또 다시 자리를 옮겨 다른 우물을 팠는데 더 이상 다툼이 일어나지 않았고 오히려 더 넓은 곳을 얻게 되었다면서 그 이름을 '르호봇'(רְחֹבוֹת, wide places, 창26:22)이라 칭했습니다.

그 뒤 이삭이 그랄에서 브엘세바로 옮겨갔을 때, 아비멜렉 왕이 친구 아훗삿과 군대 장관 비골과 함께 찾아왔습니다. 이삭과 평화 조약을 체결코자 함이었습니다. 아비멜렉 왕이 70km가 넘는 브엘세바까지 굳이 찾아와 이삭과 조약을 맺고자 한 이유가 무엇이었을까요? 하나님께서 이삭을 보호해 주시고, 복을 내려주시고, 양보할 때마다 더 큰 우물들을 팔 수 있도록 은혜를 베풀어 주신 것을 끊임없이 목격한 까닭이었습니다.

"하나님이여 사슴이 시냇물을 찾기에 갈급함 같이 내 영혼이 주를 찾기에 갈급하니이다 내 영혼이 하나님 곧 살아 계시는 하나님을 갈망하나니 내가 어느 때에 나아가서 하나님의 얼굴을 뵈올까 사람들이 종일 내게 하는 말이 네 하나님이 어디 있느뇨 하오니 내 눈물이 주야로 내 음식이 되었도다 내가 전에 성일을 지키는 무리와 동행하여 기쁨과 감사의 소리를 내며 그들을 하나님의 집으로 인도하였더니 이제 이 일을 기억하고 내 마음이 상하는도다 내 영혼아 네가 어찌하여 낙심하며 어찌하여 내 속에서 불안해 하는가 너는 하나님께 소망을 두라 그가 나타나 도우심으로 말미암아 내가 여전히 찬송하리로다."(시42:1~5)

"만일 하나님이 우리를 위하시면 누가 우리를 대적하리요 자기 아들을 아끼지 아니하시고 우리 모든 사람을 위하여 내주신 이가 어찌 그 아들과 함께 모든 것을 우리에게 주시지 아니하겠느냐"(롬8:31~32)

Q5. 이삭의 '별미'는 무엇을 의미할까?

이삭이 나이가 많아 눈이 어두워졌습니다(창27:1). 그때 큰아들 에서를 불러 놓고 '별미'를 만들어 오라고 말했습니다. 그것을 먹고 축복하고자 함이었습니다. 그런데 그때 이삭의 나이는 몇 살이었을까요? 137세로 추정할 수 있습니다. 이스마엘이 바로 그 시기에 죽었기(창25:16) 때문입니다. 다만 이삭은 그로부터 43년을 더 살다가 180세에 하나님의 부름을(창35:28) 받았습니다.

137세의 아버지가 아들에게 별미를 만들어 오라고 할 때 에서는 즉시 들판으로 향했습니다. 그런데 그 소식을 엿들은 리브가가 둘째 아들 야곱에게 모든 사실을 알려줬습니다. 그리고는 곧장 야곱에게 집 안에 있는 염소 새끼 두 마리를 잡아 아버지가 좋아하는 별미를 만들도록 했습니다. 이삭은 그 별미를 먹고서 야곱에게 마음껏 축복했습니다.

그 사이 들판에 나갔던 에서는 아무런 일도 모른 채 별미를 만들어 아버지께 가지고 왔습니다. 그러면서 아버지의 축복을 호소했습니다. 하지만 이삭은 에서에게 축복해 줄 게 아무 것도 남아있지 않다고 했습니다. 그때 에서는 비로소 전후 사정을 눈치 챘고, 그때부터 아버지가 죽을 날만을 기다렸습니다. 그 날에 맞춰

동생 야곱을 죽이고자 한 까닭이었습니다.

그런 에서의 마음을 눈치 챈 이삭과 리브가는 두 아들 사이에 칼부림이 일어나서는 안 된다고 생각을 했습니다. 그때 야곱을 불러 리브가의 고향인 하란 땅 외삼촌의 집에 가서 피신토록 당부했습니다. 야곱은 그날 고향과 친척과 아버지의 품을 떠나 생면부지의 낯선 하란으로 향했습니다. 그리고 그로부터 20년 넘게 그 타향에서 고생하며 살았습니다.

그렇다면 어떤가요? 이삭이 별미를 먹고 아들에게 축복한다는 것이 과연 올바른 일이었을까요? 그 별미의 축복을 하나님께서 기쁘게 여기셨을까요? 우리말 '별미'로 번역된 히브리어 '메타암'(מטעם)은 '맛있는 음식'(delectable food)을 뜻하는 말입니다.

이 단어는 구약성경에서 총 8번 기록돼 있습니다. 창세기 27장에 6번 쓰였고, 나머지는 잠언에 기록돼 있습니다. 창세기에서는 그 단어가 '별난 맛'으로 소개돼 있지만 잠언에서는 '속이는 음식'(잠23:3), '악한 눈이 있는 자의 음식'(잠23:6)으로 쓰였습니다.

무엇을 생각하도록 하는 것입니까? 별미를 하나님의 복으로 연결시킨 것은 이삭의 개인적인 욕심에서 비롯된 일이었다는 점[66]입니다. 그를 통해 야곱도 그 별미의 탐욕에 넘어갔고, 두 아들 사이에 칼부림이 날 뻔했고, 그것 때문에 야곱이 생면부지의 낯선 땅으로 도망쳐 살아야만 했습니다.

그런 점에서 볼 때 별미란 하나님의 복을 불러오는 통로가 아니라 '욕심과 불화를 불러오는 통로'였습니다. 바꿔 말해 별미의 축복은 애당초 존재하지 않는 것입니다.

"그의 맛있는 음식을 탐하지 말라 그것은 속이는 음식이니라."(잠 23:3)

"마른 떡 한 조각만 있고도 화목하는 것이 제육이 집에 가득하고도 다투는 것보다 나으니라."(잠17:1)

"오직 각 사람이 시험을 받는 것은 자기 욕심에 끌려 미혹됨이니 욕심이 잉태한즉 죄를 낳고 죄가 장성한즉 사망을 낳느니라"(약1:14~ 15)

"그러므로 염려하여 이르기를 무엇을 먹을까 무엇을 마실까 무엇을 입을까 하지 말라 이는 다 이방인들이 구하는 것이라 너희 하늘 아버지께서 이 모든 것이 너희에게 있어야 할 줄을 아시느니라 그런즉 너희는 먼저 그의 나라와 그의 의를 구하라 그리하면 이 모든 것을 너희에게 더하시리라 그러므로 내일 일을 위하여 염려하지 말라 내일 일은 내일이 염려할 것이요 한 날의 괴로움은 그 날로 족하니라."(마 6:31~34)

Q6. 하나님께서 이삭의 아들 에서에게는 기회를 주지 않았을까?

야곱이 밧단 아람으로 떠날 때 에서는 부모와 떨어져 살림을 차리며 살고 있었습니다. 하지만 에서는 야곱이 밧단 아람으로 떠나는 걸 지켜봤습니다(창28:6). 그때 이삭과 리브가가 그렇게 떠나는 야곱에게 신신당부하는 모습도 바라봤습니다. 이른바 이방여인을 아내로 삼지 말고 이삭의 혈족 중에서 아내를 맞이해서 살도록 하라는 당부 말입니다.

이삭과 리브가는 왜 그런 당부를 야곱에 한 것일까요? 지금 집 밖에서 따로 살림을 차리고 있는 에서가 마음에 들지 않았기 때문입니다. 에서가 이방 문화와 이방 신을 쫓는 여자를 아내로 삼아 살고 있던 까닭이었습니다. 그래서 아버지 이삭과 어머니 리브가는 야곱만이라도 자기 혈족 중에서 아내를 맞이해서 살도록 당부하면서 떠나보낸 것이었습니다.

그렇다면 이제 그 집에 자식이라고 남아 있는 아들은 누구밖에 없는 것입니까? 에서 말고는 없는 상황입니다. 당연히 그로서는 집안의 장자에 대한 권한과 부모의 사랑을 되찾아 올 수 있는 기회가 주어진 셈이었습니다.

그렇다면 에서는 어떻게 해야 했을까요? 에서는 아버지와 어머니의 품으로 돌아오면 될 일이었습니다. 마치 집 나간 탕자가 자신의 잘못을 뉘우치고 회개하여 다시금 아버지의 품으로 돌아오듯이(눅15:20) 말입니다. 그런데 에서는 아버지의 품, 곧 하나님 아버지의 집으로 돌아오지 않았습니다. 오히려 이전에 아내로 삼은 가나안 사람의 딸들을 통해 자기 욕망을 충족시키고자 할 뿐이었습니다.

물론 에서는 그것으로 끝이 아니었습니다. 에서는 그런 아내 외에도 "아브라함의 아들 이스마엘의 딸이요 느바욧의 누이인 마할랏을 아내로"(창28:9) 맞아들였습니다. 왜 하필 '마할랏'을 아내로 삼은 것일까요?

우리말 '말할랏'(מחלת)이란 '현이 있는 악기'(시53:1, 시88:1)를 뜻하는 말로서, 에서의 귀를 달콤하게 속삭여줄 수 있는 그런 여인이었습니다. 더욱이 그녀의 오빠 '느바욧'(נבות)이란 이름은 '열매를 얻다', '결실하다'는 뜻입니다. '마할랏'의 오빠 느바욧은 대단한 재력가였던 것입니다. 그만큼 에서는 이전의 본처들과 달리 마할랏 만큼은 아브라함의 혈족에다 대단한 재력가 집안의 여인이라 부모님도 마음에 들 것으로 판단[67]했던 것입니다.

그러나 그의 부모가 그에게 원한 것이 과연 그런 모습이었을까요? 결코 그렇지 않았을 것입니다. 부모가 자식에게 원하는 것은 부모의 품으로 돌아오는 것, 하나님을 떠난 세상의 우상숭배자가 다시금 하나님 앞에 회개하여 하나님의 집으로 돌아오는 것을 원하고 바랐던 것입니다.

에서도 그런 부모의 바람대로 하나님의 품에 돌아와 장자의 명분을 이어받고 축복의 권한을 누리면 될 일이었습니다. 하지만 에서는, 야곱이 집을 나간 밧단 아람에 사는 20년 세월 동안, 끝끝내 하나님 아버지의 품으로 돌아오지 않았던 것입니다. 여전히 그는 장자의 명분을 업신여긴 채 하나님과 무관한 자로서, 자기 능력과 자기 욕망을 좇아 방탕한 삶을 산 것입니다.

"내가 일어나 아버지께 가서 이르기를 아버지 내가 하늘과 아버지께 죄를 지었사오니 지금부터는 아버지의 아들이라 일컬음을 감당하지 못하겠나이다 나를 품꾼의 하나로 보소서 하리라 하고 이에 일어나서 아버지께로 돌아가니라." (눅15:18~20)

"그러므로 너희가 회개하고 돌이켜 너희 죄 없이 함을 받으라 이같이 하면 새롭게 되는 날이 주 앞으로부터 이를 것이요." (행3:19)

"마땅히 생각할 그 이상의 생각을 품지 말고 오직 하나님께서 각 사람에게 나누어 주신 믿음의 분량대로 지혜롭게 생각하라." (롬12:3)

Q7. 왜 이삭의 아들 야곱은 라반을 만났을까?
야곱에게 드보라는 어떤 존재였나?

야곱이 부모의 뜻을 받들어 브엘세바를 떠나 '루스' 곧 '벧엘'(창 28:19)을 거쳐 하란 땅에 도착했습니다. 그곳 하란 땅은 어머니 리브가의 고향이었습니다. 야곱은 그곳의 우물터에서 외삼촌 라반의 딸 라헬을 만났습니다. 그때 야곱이 자기 소개를 하자 라헬은 곧장 집으로 뛰어가 아버지 라반을 모셔 왔습니다. 그때 외삼촌 라반은 야곱을 친근하게 대했습니다. 라반은 야곱을 향해 입을 맞추어 환영했고, 자기 집으로 친근하게 들였습니다.

외삼촌 라반이 야곱을 극진하게 환영한 남다른 이유가 있었을까요? 단지 자기 여동생 리브가의 아들이기 때문에 친근하게 환대했던 것일까요? 그렇지 않았을 것입니다. 라반은 예전에 아브라함의 늙은 종 엘리에셀이 찾아온 일을 기억하고 있었을 것입니다. 그때 엘리에셀은 이삭의 배필을 찾으러 왔고, 수많은 혼인지참금을 내놓고 리브가를 데리고 갔습니다. 이번에도 그런 뜻으로 야곱이 자기 집에 찾아온 것으로 생각했을 수 있습니다.

하지만 야곱이 고향 집에서 도망쳐 왔다는 사실을 알게 되었을 때 라반의 안색은 달라지고 말았습니다. 그로부터 한 달 동안 야곱에게 일만 시켰습니다. 인간적인 면에서 보자면 라반은 야곱보다 훨씬 약삭빠른 사람이었습니다. 오죽했으면 야곱의 품삯을 "열번이나"(창31:41) 바꿀 정도였을까요?

그런데 야곱과 라반의 만남은 전적으로 하나님의 섭리에 의한 만남이었습니다. 사기꾼 기질을 지닌 야곱을 하나님의 사람으로 빚으시고자 말입니다. 그래서 야곱은 라반의 체제 속에서 20년 넘게 열심히 일했습니다. 그 속에서 레아와 라헬을 아내로 맞이했고, 12명의 아들(창29:32~30:24, 창35:23~26)을 낳아, 훗날 야곱의 아들들이 이스라엘의 12지파가 되었으니 말입니다. 그런 점에서 볼 때 야곱이 라반을 만난 것은 하나님께서 예비하신 인생훈련학교였습니다.

물론 그 인생훈련학교를 통과한 후에도 야곱은 한 번 더 꺾였습니다. 고향으로 돌아오는 길목의 얍복강에서 하나님께서는 그의 허벅지 관절을 치셨습니다. 여태껏 자기 꾀를 좇는 삶의 방식에서 하나님의 방식으로 온전히 순종할 수 있도록 인도하기 위함이었습니다.

그런데 형과 화해한 후에도 자기 방식을 좇아 세겜에 머물렀는데 그때 야곱의 딸 디나가 강간당했습니다. 그 일로 야곱의 두 아들인 시므온과 레위가 하나님의 할례를 빙자해 세겜 족속들을 도륙낸 일이 있습니다. 그런 피비린내 나는 일을 보고서야 야곱은 자신의 모든 방식을 내려놓고 하나님을 향해 벧엘로 올라갔던 것입니다.

그런데 야곱이 벧엘에 이르렀을 때 한 사람의 죽음에 대해 너무나도 슬퍼하게 됩니다. "리브가의 유모 드보라"(창35:8)의 죽음 때문입니다. 그녀가 벧엘에서 죽었을 때, 야곱은 그녀의 시신을 벧엘 아래 상수리나무 밑에 묻어줬고, 그 나무의 이름을 '알론바굿'(אַלּוֹן בָּכוּת) 곧 '곡함의 상수리나무'로 칭했습니다. 그만큼 그녀의 죽음에 대해 통곡했던 것입니다.

야곱에게 그녀는 어떤 존재였을까요? 히브리어 '데보라'(דְּבוֹרָה)는 '꿀벌'(bee)을 뜻합니다. 그 단어만 놓고 본다면 그녀는 야곱 곁에서 꿀벌처럼 조력했다는 것을 알 수 있습니다. 그런데 그녀를 수식하는 말은 '리브가의 유모'입니다. 그녀는 아브라함의 늙은 종 엘리에셀이 하란 땅에 왔을 때 이미 리브가의 유모로 살고 있었던 것입니다. 그 후에 그녀는 리브가를 따라 가나안 땅에 함께 왔고, 리브가가 에서와 야곱을 낳아 기를 때도, 야곱이 형의 낯을 피해 밧단 아람으로 떠나올 때도, 밧단 아람의 외삼촌 밑에서 20년 넘게 고생할 때도, 세겜에서 화를 당한 뒤에 벧엘로 올라갈 때도, 그녀는 늘 야곱 곁에서 진정한 돌보미요 격려자로 살았던 것입니다.[68]

그런 차원에서 볼 때 드보라 없는 야곱은 존재할 수 없었습니다. 야곱이 힘든 인생을 헤쳐나갈 때마다 하나님께서는 그녀를 통해 야곱을 격려하고 위로하도록 미리 배치했던 것입니다. 마치 신약성경에 바울의 인생길에 하나님께서 예비하신 바나바와 같은 사람입니다. 그런 차원에서 볼 때 드보라는 야곱에게 성령님의 대리자로서 자기 사명을 다했던 것입니다.

·············· 묵상할 말씀 ··············

"사람이 감당할 시험 밖에는 너희가 당한 것이 없나니 오직 하나님은 미쁘사 너희가 감당하지 못할 시험 당함을 허락하지 아니하시고 시험당할 즈음에 또한 피할 길을 내사 너희로 능히 감당하게 하시느니라"(고전10:13)

"그는 진리의 영이라 세상은 능히 그를 받지 못하나니 이는 그를 보지도 못하고 알지도 못함이라 그러나 너희는 그를 아나니 그는 너희와 함께 거하심이요 또 너희 속에 계시겠음이라 내가 너희를 고아와 같이 버려두지 아니하고 너희에게로 오리라"(요14:17~18)

| 야곱의 족보 속에 담긴 7가지 질문 |

창세기의 족장 이야기 마지막은 야곱과 관련된 내용입니다. 물론 야곱의 삶은 이삭의 생애 속에 이미 들어 있었습니다. 야곱은 아버지 이삭의 별미 사건으로 형의 낯을 피해 밧단 아람으로 도망쳤고, 그 속에서 20년 넘게 살면서 자식들을 낳았고, 하나님께서 이끄시는 때에 아내와 자식들을 데리고 고향 땅으로 돌아오는 것이었습니다.

하지만 창세기 37장 2절에서 '야곱의 족보'를 새롭게 써나가는 듯한 인상을 주고 있습니다. 그것은 야곱과 관련된 후손의 이야기가 창세기 50장까지 계속 이어지는 까닭입니다. 더욱이 그런 모습들은 야곱의 열두 아들을 통해 훗날 이스라엘의 12지파로 뻗어나갈 발판을 마련해 준다는 것을 알리고자 한 것입니다.

그와 같은 야곱의 족보에 관한 이야기를 읽어나가면서 다음과 같은 7가지 질문을 품게 되었습니다.

첫째 왜 창세기 37장에 야곱의 족보를 언급했고 그 속에 요셉을 부각시켰나?

둘째 왜 창세기 38장에 야곱의 아들 유다의 존재감을 드러냈나?

셋째 야곱의 아들 '요셉'과 그의 아내 '아스낫'이 닮았다?

넷째 요셉은 언제 어린 시절의 꿈을 떠올렸나? 형들을 만났을 때 어떻게 대했나?

다섯째 야곱은 왜 요셉에게 '에브랏'을 강조했을까?

여섯째 야곱이 열두 아들의 '분량대로' 예언했다는 게 무슨 뜻일까?

일곱째 요셉은 왜 자기 유골을 가나안 땅으로 메고 올라가게 했을까?

Q1. 왜 창세기 37장에 야곱의 족보를 언급했나?
그 중에 왜 요셉을 부각시켰나?

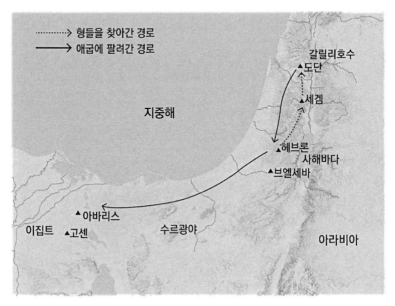

요셉이 애굽의 노예로 팔린 경로 69)

"야곱의 족보는 이러하니라. 요셉이 십칠 세의 소년으로서 그의 형들과 함께 양을 칠 때에 그의 아버지의 아내들 빌하와 실바의 아들들과 더불어 함께 있었더니 그가 그들의 잘못을 아버지에게 말하더라"(창37:2)

창세기 37장은 야곱의 족보를 알리는 말씀으로 시작하고 있습니다. 그를 둘러싼 이야기는 창세기 50장까지 이어지고 있습니다. 무엇을 의미하는 걸까요?

창세기는 원시 사건(창1:1~11:26)과 족장 이야기(창11:27~50:26)로 구성돼 있는데, 그 속에 원시 사건(1:1~6:8)과 노아의 홍수 사건(6:9~11:26), 아브라함의 이야기(11:27~25:18)와 이삭의 이야기(25:19~37:1)와 야곱의 이야기(37:2~50:26)로 세분화됩니다. 그만큼 창세기 37장은 야곱을 독립적으로 구분하기 시작한 첫 장이라는 점입니다.

그런데 야곱의 족보 이야기를 소개하면서 왜 요셉을 언급한 걸까요? 요셉이 야곱의 자식 중에 가장 위대한 업적을 남긴 까닭입니다. 요셉은 야곱의 12명의 아들 가운데 야곱의 명예를 가장 높여 준 인물이자, 야곱의 나그네 세월에 종지부를 찍게 한 것 말입니다.

사실 창세기 37장부터 50장까지의 내용을 보면 요셉이 중심인물처럼 부각돼 있습니다. 요셉의 어린 시절을 비롯해 애굽에 팔려가 보디발의 집에서 종살이와 옥살이를 하고, 파라오의 꿈을 해석해 애굽의 국무총리가 되고, 기근을 해결코자 내려 온 야곱과 이복형들에게 고센 땅에 살 수 있도록 주춧돌 역할을 한 것 말입니다.

창세기 37장 서두에 언급된 요셉은 17살의 나이였습니다. 그때 요셉은 이복형들의 "잘못을 아버지에게 말"(창37:2)했습니다. 아버지 야곱은 그런 요셉을 다른 아들들보다 더 사랑해 '채색옷'(창 37:3)을 지어 입혔습니다. 요셉은 자신이 꾼 꿈, 곧 형들의 곡식 단들이 자신의 곡식 단에게 절한 것과 해와 달과 열한 별들이 자신에게 절하는 꿈에 대해서도 밝혔습니다(창37:6~10).

그런 요셉에 대해 이기적인 자라고 생각할지 모르겠습니다. 하지만 17살 나이는 당시에 결혼할 정도의 성인이었고, 형들의 잘못을 말한 것은 그들의 죄악을 바로잡고자 한 뜻이 담겨 있었습니다. 유대 문헌에 따르면 당시에 형들은 반율법적이고 불명예스러운 일을 저지른 것으로 전해지고 있습니다. 그들은 들짐승에게 물어뜯긴 고기의 살점을 먹었고[70] 아버지의 양들을 잡아먹거나 이득을 취했는데, 그 일을 시녀들에게 시켰고, 그 시녀들과 성적으로 의심되는 관계도 저질렀다는 점[71]입니다. 그와 같은 이복형들의 죄악에 대해 요셉이 의롭게 맞서 세우고자 했던 것입니다.

그런 요셉을 향해 아버지 야곱은 채색옷을 지어 입혔습니다. 우리말 '채색옷'으로 번역된 히브리어 '케톨레트'(כְּתֹנֶת)는 제사장의 의복(출28:4)을 뜻하는 말[72]이기도 합니다. 그만큼 야곱은 요셉에게 제사장의 옷을 입혀서 형제들의 중재자로 삼고자 했다는 것을 생각할 수 있습니다.

"그가 그의 꿈을 아버지와 형들에게 말하매 아버지가 그를 꾸짖고 그에게 이르되 네가 꾼 꿈이 무엇이냐 나와 네 어머니와 네 형들이 참으로 가서 땅에 엎드려 네게 절하겠느냐 그의 형들은 시기하되 그의 아버지는 그 말을 간직해 두었더라"(창37:10~11)

위 내용을 보면 요셉이 형들에게 꿈 이야기를 할 때 아버지가 꾸짖는 장면처럼 생각할 수 있습니다. 하지만 이것은 요셉을 나무라기 위함이 아니라 형들 앞에서 무안당하지 않도록 하기 위한 조치였습니다. 그때 형들은 요셉을 시기했지만 야곱은 요셉의 말을 마음속에 간직했습니다. 우리말 '간직하다'는 히브리어 '솨마르'(שָׁמַר)는 '품다', '살펴주다'[73]는 뜻입니다. 요셉의 인생은 아버지 야곱의 보호막과 울타리 없이는 존재할 수 없었던 것입니다.

·························· **묵상할 말씀** ··························

"나를 보내신 이가 나와 함께 하시도다 나는 항상 그가 기뻐하시는 일을 행하므로 나를 혼자 두지 아니하셨느니라."(요8:20)

Q2. 왜 창세기 38장에 야곱의 아들 유다의 존재감을 드러냈나?

창세기 37장에서 야곱의 족보를 언급하는 가운데 요셉의 인생을 부각시킨다고 했습니다. 그런데 창세기 38장에서는 유다의 삶에 관한 이야기, 곧 유다의 존재감을 드러내고 있습니다. 그 이유가 무엇일까요?

본래 야곱에게 열두 아들이 태어났습니다. 야곱은 자신이 사랑한 라헬이 자식을 먼저 낳기를 바랐습니다. 하지만 하나님께서는 레아를 긍휼히 여겨 줄줄이 네 자녀를 낳게 해 주셨습니다. 첫째는 '보라 아들이다'(behold a son)는 뜻의 '르우벤'(רְאֵה - בֵן), 둘째는 '듣는다'는 뜻의 '시므온'(שִׁמְעוֹן). 셋째는 '연합하다'(joined)는 뜻의 '레위'(לֵוִי), 넷째는 '찬송한다'(praised)는 뜻의 '유다'(יְהוּדָה)였습니다.

그러자 라헬은 자기 여종 '빌하'를 대리모로 삼아 자식을 낳았습니다. 첫째는 '자기 억울함을 입증했다'(vindicate)는 뜻의 '단'(דָן)으로, 둘째는 '언니와 씨름했다'(wrestling)는 뜻의 '납달리'(נַפְתָּלִי)로 불렸습니다. 그런데 라헬의 모습을 바라본 레아도 자기 여종 실바를 통해 자식을 낳았습니다. 첫째는 '군대'(troop)를 뜻하는 '갓'(גָד)으로, 둘째는 '행복'(happy)을 뜻하는 '아셀'(אָשֵׁר)로 지었습니다.

그 뒤 하나님께서 레아에게 두 아들을 주셨는데, '보상하다'(recompense)는 뜻의 '잇사갈'(נשא-שכר), 그리고 '높였다'(exalted)는 뜻의 '스불론'(זבולון)이 그들이었습니다. 그 무렵 라헬은 딸 '디나'(דינה)도[74] 낳았습니다. 이제 그것으로 모든 출산이 끝나는 줄 알았습니다. 하지만 하나님께서는 라헬에게 '더하셨다'(increase) 의미의 요셉(יוסף)을 낳게 해 주셨고, 그 뒤 라헬이 벤엘에서 죽으면서 낳은 '오른손의 아들'(son of the right hand) 곧 베냐민(בן-ימין)을 더해 주셨습니다.

그런 야곱의 아들 중에 요셉이 비중이 높기 때문에 37장 서두부터 요셉을 조명하는 것은 당연한 일일 것입니다. 그런데 38장에서 유다의 존재감을 드러내는 것은 궁금할 수밖에 없습니다. 그 이유가 무엇일까요? 그것은 훗날 북왕국 이스라엘의 출발점이 요셉, 곧 에브라임 지파를 통해서 시작되지만 남왕국 유다의 출발점은 유다 지파를 통해 시작되기 때문입니다. 바로 그것을 복선으로 깔고자 38장에 유다의 존재감을 드러낸 것입니다.

그 당시 요셉은 형들의 안부를 묻고자 헤브론에서 세겜을 거쳐 도단에 이르는 20km의 거리를 찾아갔습니다. 이복형들은 그런 요셉을 보고 "꿈꾸는 자가 오는도다"(창37:19)하고 조롱하면서 구덩이에 던졌습니다. 그때 유다가 나서서 형들에게 주도적으로 제안을 했습니다. 구덩이에 빠진 요셉을 차라리 애굽으로 가는 이스마엘 상단에게 은전 20냥을 받고 팔아넘기자고 말입니다. 그것이 37장 후반부에 나온 내용입니다.

창세기 38장에서는 유다가 훗날의 남왕국 유다를 건설할만한 커다란 업적을 남긴 모습은 없습니다. 오히려 그는 가나안 사람 '수아'(שׁוע), 곧 가나안의 '부유'(wealth)한 사람의 딸과 동침을 했고, 첫째 며느리 '다말'(תמר, palm-tree)에게 '형사취수제'(兄死娶嫂, 신 25:5~6)를 이루도록 자신의 셋째 아들 셀라가 장성했을 때 데려와야 했는데 그렇지 않았고(창38:26), 그 며느리 다말을 창녀로 여긴 채 추태까지 보였습니다.

그만큼 유다는 남왕국 유다를 건설할만한 입지전적인 인물이 될 수는 없었습니다. 다만 그 뒤에 형제들 사이에서 세 번에 걸쳐 주도적인 역할을 한 적이 있습니다. 요셉이 시므온을 볼모로 잡고 형제들에게 베냐민을 데려오라 할 때 아버지에게 적극적인 청을 넣은 사람이 유다(창43:8)였고, 요셉이 베냐민을 볼모로 잡고자 할 때 대신 볼모로 잡히겠다고 한 사람이 유다(창44:33)였고, 아버지 야곱이 식솔들을 이끌고 애굽의 고센 땅으로 내려갈 때 앞장서서 그 땅을 살피도록 위임 받은 사람이 유다(창46:28)였습니다.

그렇지만 그런 일들에 비하면 유다의 전반적인 삶은 훨씬 더

부끄럽고 수치스런 모습임을 알 수 있습니다. 그러나 하나님께서는 연약한 그 유다를 통해 훗날 남왕국 유다를 건설케 해 주셨습니다. 전적인 하나님의 은혜였습니다. 바로 그와 같은 사실을 조명하기 위해 창세기 38장에서 유다의 존재감을 미리 드러낸 것이고, 그의 부도덕함 속에서도 하나님의 은혜 가운데 베레스와 세라가 태어난 것도 알리고 있는 것입니다.

··· **묵상할 말씀** ···

"이는 내 생각이 너희의 생각과 다르며 내 길은 너희의 길과 다름이니라 여호와의 말씀이니라 이는 하늘이 땅보다 높음 같이 내 길은 너희의 길보다 높으며 내 생각은 너희의 생각보다 높음이니라."(사 55:8~9)

"이에 예수께서 제자들에게 이르시되 누구든지 나를 따라오려거든 자기를 부인하고 자기 십자가를 지고 나를 따를 것이니라 누구든지 제 목숨을 구원하고자 하면 잃을 것이요 누구든지 나를 위하여 제 목숨을 잃으면 찾으리라."(마16:24~25)

Q3. 야곱의 아들 '요셉'과 그의 아내 '아스낫'이 닮았다?

요셉을 시기하고 질투한 이복형들은 자신들의 수치와 죄악을 가리고자 요셉을 구덩이에 던졌습니다. 그때 유다가 주도적으로 나서서 애굽으로 가는 이스마엘 상단에게 요셉을 팔자고 제안을 했습니다. 요셉은 그 상단에게 은전 20냥에 팔렸고, 그 후에 애굽의 군대장관 보디발의 집 노예로 넘겨졌습니다.

그때로부터 총 11년간 요셉은 보디발의 집에서 종살이를 했습니다. 다만 그곳에서 성실하고 지혜롭게 일한 까닭에 가정 총무로 발탁됐습니다. 그런데 보디발의 아내가 자꾸 요셉을 유혹했고, 어느 날엔 주위 사람들을 다 물린 후에 요셉을 겁간코자 했습니다. 그때 요셉은 옷을 벗어 던진 채 도망쳤는데, 그녀는 요셉에게 오히려 누명을 씌워 남편으로 하여금 감옥에 처넣도록 했습니다.

그 요셉이 갇힌 감옥이 실은 보디발의 집에 있는 감옥이었습니다. 놀라운 것은 감옥의 책임자가 모든 행정 사항을 요셉에게 맡겼다는 점입니다. 그만큼 보디발도 처음에는 요셉을 의심했지만 점차 요셉의 신실함을 입증했다는 뜻입니다. 그리고 요셉은 그 감옥 속에서 떡 굽는 관원장과 술 맡은 관원장을 만나 그들의 꿈을 해몽해줬습니다. 그때 술 맡은 관원장은 요셉의 해몽대로 복직되었고, 떡 굽는 관원장은 목이 달아났습니다. 다만 복직이 되면 요셉을 구명하겠다던 술 맡은 관원장은 요셉을 잊어버렸습니다.

그로부터 만 2년이 되던 날에 애굽의 파라오가 꿈을 꿨습니다. 아름답고 살진 일곱 암소가 나일강 갈밭에 올라와 풀을 뜯어 먹었는데, 곧장 흉하고 파리한 다른 일곱 암소가 나와 아름답고 살진 일곱 암소를 삼키는 꿈이었습니다. 그리고 한 줄기에 무성하고 충실한 일곱 이삭이 나왔는데, 그 뒤 가늘고 마른 일곱 이삭이 나와 충실한 일곱 이삭을 삼킨 꿈을 꿨습니다.

그때 파라오는 애굽의 마술사와 현자들을 불러 해석토록 했지만 그들은 모두 역부족이었습니다. 그러자 술 맡은 관원장이 나서서 요셉을 천거했습니다. 그때 요셉은 파라오가 꾼 꿈이 7년 풍년과 7년 흉년이 불어닥칠 일이라고 해몽했습니다. 그러자 파라오는 요셉만큼 지혜롭고 총명한 자도 없다면서 요셉을 국무총리(창41:41)로 세웠습니다.

"그가 요셉의 이름을 사브낫바네아라 하고 또 온의 제사장 보디베라의 딸 아스낫을 그에게 주어 아내로 삼게 하니라 요셉이 나가 애굽 온 땅을 순찰하니라"(창41:45)

이는 파라오가 요셉의 이름도 새롭게 부여했고, 심지어 요셉에게 아내까지 맺어준 내용입니다. '사브낫바네아'(צפנת־פענח)는 '비밀의 계시자', '유대인의 대속자'란 뜻[75]입니다. 예수 그리스도의 대속을 가리키는 의미와 연결시킬 수 있는 이름입니다. 바벨론에 포로로 끌려간 다니엘에게 '벨드사살'(단1:7), 곧 '숨긴 보물의 주인'으로 지어준 것과 같은 맥락입니다. 그만큼 파라오는 애굽의 술사들보다도 요셉에게 더 높은 신적 권위를 부여한 것입니다.

그렇다면 "온의 제사장 보디베라의 딸 아스낫"(창41:45)은 누구일까요? '온'(אן)이란 지명은 '태양의 도시'(the city of the sun)로서 고센의 변방 '헬리오폴리탄'(Heliopolitan)을 가리키는 곳입니다. 그곳의 제사장 '보디베라'(פוטי פרע)는 태양신을 숭배하는 제사장이었고, '아스낫'(אסנת)은 그의 딸이었습니다. 파라오는 요셉을 신적인 존재로 생각했기 때문에 그에 걸맞는 제사장의 딸과 혼인토록 주선한 것입니다.

그런데 유대 전승에 따르면 그 '아스낫'은 세겜에서 화를 당한 야곱의 딸 '디나'가 낳은 아이로 여기고 있습니다. 디나가 세겜 추장의 아들 하몰에게 강간당했는데 그 후에 태어난 딸이 '아스낫'이라는 것입니다. 그 아이는 이스라엘의 가족들에게 부정한 아이로 버림받았고, 결국 애굽까지 떠돌다가 제사장의 딸로 입양된 것이었습니다. 그리고 드디어 요셉의 배필이 됐다는 것[76]입니다.

그런 관점에서 본다면 요셉과 아스낫의 인생은 상당히 닮은 것을 알 수 있습니다. 요셉이 이복형들에게 버림받아 노예로 팔려갔다가 13년의 인생훈련학교를 거쳐 애굽의 국무총리가 된 것처럼, 아스낫도 어릴 적 버림받아 애굽에 떠밀려갔다가 제사장의 딸로 훈련받아 요셉의 아내가 된 것 말입니다.

"기록된 바 하나님이 자기를 사랑하는 자들을 위하여 예비하신 모든 것은 눈으로 보지 못하고 귀로 듣지 못하고 사람의 마음으로 생각하지도 못하였다 함과 같으니라."(고전2:9)

"다만 이뿐 아니라 우리가 환난 중에도 즐거워하나니 이는 환난은 인내를, 인내는 연단을, 연단은 소망을 이루는 줄 앎이로다."(롬5:3~4)

Q4. 요셉은 언제 어린 시절의 꿈을 떠올렸나?
형들을 만났을 때 어떻게 대했나?

13년간의 고통스런 인생훈련학교를 거친 요셉이 하나님의 은혜로 국무총리가 되었습니다. 더욱이 자신의 처지와 같은 고된 역경과 연단의 훈련을 거친 아스낫을 아내로 맞이했습니다. 그를 통해 요셉은 므낫세와 에브라임까지 낳았습니다.

첫째 '므낫세'(מְנַשֶּׁה)는 '잊어버리다'(causing to forget)는 뜻으로 요셉의 13년 고통을 하나님께 잊게 해 주셨다는 이름의 뜻이고, 둘째 '에브라임'(אֶפְרַיִם)은 '두 배의 결실을 거두게 되다'(I shall be doubly fruitful)는 뜻으로 하나님께서 더 번성케 하실 것을 바라는 마음으로 지은 이름이었습니다.

이제 7년간의 풍년이 지나고 7년의 첫 흉년이 시작됐습니다. 애굽의 백성들은 물론이고 인근 나라들까지, 심지어 가나안 백성들조차도 극심한 흉년에 시달리던 때였습니다. 야곱은 할 수 없이 자식들을 애굽으로 보내 먹을 양식을 구해 오도록 했습니다. 다만 막내 아들 베냐민은 집에 머물게 했습니다. 오래전 요셉처럼 막내를 잃어버릴지도 모른다는 불안감 때문이었습니다. 그와 같은 아버지의 지시를 받은 자식들은 애굽으로 내려갔는데, 그곳에서 요셉을 보고 허리를 굽혀 인사했습니다.

"요셉이 그들에게 대하여 꾼 꿈을 생각하고 그들에게 이르되 너희는 정탐꾼들이라 이 나라의 틈을 엿보려고 왔느니라"(창42:9)

무엇을 생각케 하는 말씀일까요? 요셉이 자신을 향해 절하는 형들의 모습을 보고서 오래 전 꿨던 꿈을 생각한 것입니다. 13년 전에 꾼 꿈, 17살 때 꾼 그 꿈을 그때 비로소 떠올린 것이었습니다. 그만큼 요셉은 11년간의 종살이나 2년간의 옥살이 때도 결코 그 꿈에 사로잡히지 않았다는 점입니다. 자신에게 불어닥친 그 순간순간을 거룩한 성례처럼 여긴 것[77]이었습니다.

자신을 전혀 알아보지 못하는 이복형들의 얼굴을 바라본 요셉은 자기 친동생 베냐민이 어른거렸습니다. 그때 요셉은 형들을 정탐꾼이라고 몰아세웠습니다. 미리 기선제압을 하고자 하는 생각이었고, 그 후에라도 베냐민을 데려오도록 하려는 계책이었습니다. 그때 요셉은 이복형제들 중에 시므온을 인질로 잡아 놓았고, 다른 형들은 가나안에 올라가 베냐민을 데리고 오도록 했습니다.

야곱은 아들들이 가져온 양식이 다 떨어질 때쯤 다시금 애굽에 내려가 양식을 구해 오도록 했습니다. 그러자 유다가 나서서 전후 사정에 대해 이야기하자, 야곱은 베냐민을 보낼 수가 없다고 했습니다. 하지만 굶주림이 더 극심해지자, 유다가 나서서 아버지 야곱을 설득했고, 그때 야곱은 베냐민을 잃으면 잃을 것까지 각오한다면서 애굽으로 보냈습니다.

이제 모든 형제들이 애굽에 내려오자 요셉은 자신의 친동생 베냐민도 만나게 됐습니다. 그러자 요셉은 기쁨의 눈물을 억제치 못했습니다. 식사할 때는 형들을 나이 순서대로 밥상에 앉혔고, 베냐민에게는 더욱 많은 음식을 진설했습니다. 그리고 이번에는 베냐민을 볼모로 잡아 함께 있고 싶어했는데, 유다가 나서서 아버지의 사정을 이야기하면서 자신이 볼모로 잡히겠다고 할 때, 요셉은 모든 형제들 앞에서 자기 자신의 정체를 밝혔습니다.

"당신들이 나를 이 곳에 팔았다고 해서 근심하지 마소서 한탄하지 마소서 하나님이 생명을 구원하시려고 나를 당신들보다 먼저 보내셨나이다"(창45:5)

이는 자신의 정체를 밝힌 요셉이 형들에게 한 이야기입니다. 15년 전 자신을 팔아넘긴 형들에게 오히려 근심하지 말라고 다독인 것입니다. 하나님께서 자신의 생명과 온 형제들의 생명을 구원코자 애굽 땅에 앞서 보내셨다는 고백입니다. 그와 같은 하나님의 은혜를 깨닫고 있던 요셉이었기에 원수와 같은 형들을 품은 것이었습니다. 더 놀라운 사실은 훗날 야곱이 죽고 장례식을 치른 후

에도 그 형들과 그들의 자녀들을 고스란히 보살폈다(창50:15~21)
는 점입니다. 그야말로 하나님의 은혜를 깊이 깨달은 요셉의 모습
입니다.

·························· **묵상할 말씀** ··························

"원수를 갚지 말며 동포를 원망하지 말며 네 이웃 사랑하기를 네 자
신과 같이 사랑하라 나는 여호와이니라"(레19:18)

"'네 이웃을 사랑하고, 네 원수를 미워하여라'하고 말한 것을 너희는
들었다. 그러나 나는 너희에게 말한다. 너희 원수를 사랑하고, 너희를
박해하는 사람을 위하여 기도하여라. 그래야만 너희가 하늘에 계신
너희 아버지의 자녀가 될 것이다"(마5:43~44, 새번역)

Q5. 야곱은 왜 요셉에게 '에브랏'을 강조했나?

야곱은 애굽에 다녀온 아들들에게서 요셉의 소식을 들었습니다. 요셉이 여태껏 살아 있고, 애굽의 국무총리가 되었다는 이야기 말입니다. 믿기지 않았던 야곱은 요셉이 보낸 수레를 보고서야 믿게 되었고, 그때 비로소 온 식솔들을 이끌고 가나안의 브엘세바를 떠나 애굽으로 내려갔습니다. 그때 내려간 수가 남자 장정만 70명이었는데, 며느리들과 아이들 그리고 잡족까지 합한다면 500명은 충분히 넘었을 것입니다. 그것은 야곱의 나이 130세 때의 일이었습니다. 그때는 애굽의 7년 풍년이 지나고 2년간의 흉년이 흐른 뒤였습니다. 앞으로도 5년간의 흉년이 남아 있는 상황(창45:6)이었습니다.

그때 애굽의 사정은 급격하게 돌아가고 있었습니다. 백성들은 모두 굶주림에 처했고, 자신들의 짐승을 파라오의 곡물과 맞바꿨습니다. 그런데도 먹을 것이 떨어졌고, 요셉은 그들의 땅을 담보로 곡물을 얻도록 해줬습니다. 그마저도 해결되지 않자, 요셉은 백성들의 땅을 파라오에게 바치고 소득의 20%를 세금으로 내고 벌어먹게 했습니다. 요셉이 애굽의 토지법까지 새롭게 고친 셈이었습니다. 그런데 이스라엘 백성들은 그런 상황 속에서도 생육하고 번성했다(창47:27)고 밝혀줍니다. 하나님의 전적인 은혜였습니다.

그렇게 야곱이 애굽의 고센 땅에 내려와 산 지 17년, 곧 그의 나이 147세가 되어 병이 들었습니다. 그때 요셉은 자신의 두 아들을 데리고 야곱에게 인사하러 왔습니다. 야곱이 요셉과 두 아들을 봤을 때 힘이 나서 침상에 앉았습니다. 그때 야곱은 두 가지 일을 요셉에게 상기시켰습니다. 하나님께서 자신에게 찾아오신 '벧엘의 은총'과 그때 약속해 주신 '하나님의 언약'에 대한 것이었습니다. 그러면서 요셉의 두 아들이 자신의 두 아들, 곧 르우벤과 시므온처럼 될 것이라고 축복했습니다.

야곱은 왜 요셉의 두 아들이 존귀케 되길 바랐던 걸까요? 르우벤은 자기 아내의 침상을 더럽힌 일(창35:22, 레18:6~8)이 있고, 시므온과 레위는 여동생 디나의 일로 세겜 족속을 도륙낸 일(창34:30)이 있었습니다. 바로 그 일을 떠올린 야곱은 자신의 첫째와 둘째가 그에 걸맞는 명성을 누리지 못할 것을 알기 때문에 요셉의 두 아들이 그 명성을 대신 취하길 원했던 것(창48:6, 창48:14)입니다. 요셉의 두 아들에 대한 야곱의 축복은 훗날 북왕국 이스라엘을 세운(왕상11:28, 왕상12:20) 에브라임 지파를 통해 성취케 되었습니다.

"내게 대하여는 내가 이전에 밧단에서 올 때에 라헬이 나를 따

르는 도중 가나안 땅에서 죽었는데 그 곳은 에브랏까지 길이 아
직도 먼 곳이라 내가 거기서 그를 에브랏 길에 장사하였느니라(에
브랏은 곧 베들레헴이라)"(창48:7)

이미 두 가지 사실을 상기시킨 야곱이 요셉에게 한 가지를 더
당부한 내용입니다. 라헬이 죽을 때 묻힌 '에브랏'(אֶפְרָת, Ephrath
or Ephratah)[78], 곧 '가나안 땅의 베들레헴 에브라다'를 기억하라
는 것이 그것입니다. 왜 그랬을까요? 벧엘에 나타나서 말씀하신
하나님의 언약을 성취할 땅도, 요셉의 두 아들을 통해 복 주실 땅
도, 요셉의 친어머니 라헬이 묻힌 땅도, 바로 그 땅이라는 사실입
니다.

그만큼 야곱은 요셉에게 어머니 라헬의 발자취를 잊지 말라는
뜻이었습니다. 비록 야곱은 아브라함과 사라, 이삭과 리브가, 그리
고 레아가 묻힌 막벨라 굴에 자신도 묻어달라고 요셉의 이복형들
에게 당부했지만(창49:31), 요셉만큼은 그의 어머니 라헬을 기억하
며 살라는 주문이었습니다. 물론 헤브론에서 북쪽으로 21km 지점
에 베들레헴이 자리하고 있어서, 에브라다와 베들레헴의 거리는
그리 먼 곳이 아니었습니다.

그런데 에브라다는 더 큰 의미를 지닌 곳입니다. "베들레헴 에
브라다야 너는 유다 족속 중에 작을지라도 이스라엘을 다스릴 자

가 네게서 내게로 나올 것이라 그의 근본은 상고에, 영원에 있느니라."(미5:2) 베들레헴 에브라다는 머잖아 이 땅에 메시아로 오실 예수 그리스도의 탄생지였다는 사실입니다.

무엇을 생각하게 되나요? 아브라함으로부터 비롯된 이스라엘 민족의 신앙 출발점이 헤브론의 막벨라에서부터 시작되었다면, 세상 모든 민족의 신앙 출발점은 베들레헴 에브라다의 예수 그리스도로부터 시작된다는 점입니다. 그 역시 하나님의 크신 은혜입니다.

·········· **묵상할 말씀** ··········

"내가 또 내 영을 너희 속에 두어 너희가 살아나게 하고 내가 또 너희를 너희 고국 땅에 두리니 나 여호와가 이 일을 말하고 이룬 줄을 너희가 알리라 여호와의 말씀이니라."(겔37:14)

"다른 이로써는 구원을 받을 수 없나니 천하 사람 중에 구원을 받을 만한 다른 이름을 우리에게 주신 일이 없음이라 하였더라."(행4:12)

Q6. 야곱이 열두 아들의 '분량대로' 예언했다는 게 무슨 뜻인가?

야곱이 147세의 나이로 숨을 거둡니다. 그의 수명은, 아브라함의 175세(창25:7), 이삭의 180세(창35:28)에 비하면 적다고 할 수 있습니다. 그런데 그 야곱의 죽음과 함께 아브라함과 이삭과 야곱으로 이어지는 족장 시대의 역사가 마감케 된 것입니다.

그런데 야곱은 죽기 직전에 자신의 열 두 아들을 놓고 하나씩 예언기도를 해 줬습니다. 물론 그의 기도가 어떤 아들에게는 축복의 예언이 되었고, 다른 아들에게는 저주에 가까운 예언이 되었습니다. 그렇다고 결코 뜬구름 잡는 예언을 한 게 아니었습니다. 자식들의 이전과 현재의 삶을 살아온 '삶의 분량대로'(창49:28) 예언기도를 해 준 것입니다.

그 중 첫째 아들 르우벤은 어떤 예언을 받았을까요? "너는 내 장자요 내 능력이요 내 기력의 시작이라 위풍이 월등하고 권능이 탁월하다마는 물의 끓음 같았은즉 너는 탁월하지 못하리라."(창49:3~4) 이른바 저주의 예언을 받은 것입니다. 왜죠? 그가 어머니의 침상을 더럽힌 까닭이었습니다(창35:22). 그런 행위는 이방 민족의 가증한 풍속이자, 그런 죄악을 범한 자는 이스라엘 백성 중에서 끊어질 악습(레18:6~8)이었습니다. 훗날 르우벤 지파에서 왕이나 예언자나 사사가 한 명도 나오지 못한 이유가 그것이었습니다.

둘째 시므온과 셋째 레위는 한꺼번에 야곱의 예언을 받았습니다. "그들의 칼은 폭력의 도구로다"(창49:5) 하면서 "그들의 혈기대로"(창49:6) 저지른 예전 일(창34:25~29)을 떠올리면서 야곱은 그들이 "이스라엘 중에서 흩어질 것"(창49:7)이라는 저주의 예언을 선언했습니다.

시므온은 그대로 성취됐습니다. 출애굽 한 지 2년 2월 20일에 광야를 행진할 때만 해도 그 지파는 이스라엘에서 세 번째로 큰 지파(민1:23)였습니다. 하지만 38년을 지나면서 63%가 줄어든 작은 종족으로(민26:14)[79] 전락했습니다. 그것은 광야생활 막바지 때, 이스라엘 자손이 모압 여인들과 음행을 벌였는데, 그 일의 주동자가 시므온 지파의 '시므리'(민25:14)였기 때문입니다. 그래서 여호수아가 가나안 땅을 나눌 때도 시므온 지파는 유다 지파에게 편입(수19:1)되고 만 것입니다.

그렇다면 레위의 후손은 어떻게 됐을까요? 그 후손은 시므온의 후손처럼 광야에 들어설 때만 해도 평범했습니다. 그런데 모세가 시내산에 올라간 사이, 이스라엘 백성들이 황금송아지를 만들고 그걸 '하나님'(출32:4)이라고 여기며 광란의 굿판을 벌일 때, 그 일의 주동자 3천 명을 처단한 '하나님의 헌신자들'이 있었습니다. 그들이 바로 레위의 후손이었습니다(출32:26~29). 그 일로 그들은 제사장 지파로 거듭났고, 이스라엘 12지파가 가나안 땅을 나눌 때 그들도 48개 성읍에 스며들어(민35:6~7, 수21:41~42) 살게 됐습니다. 그 성읍의 수는 성막의 널빤지 수와 같듯이, 이스라엘 백성의 남자와 여자의 심장을 보호하는 갈비뼈[80]처럼 섬기도록 한 셈이었습니다.

"규가 유다를 떠나지 아니하며 통치자의 지팡이가 그 발 사이에서 떠나지 아니하기를 실로[81]가 오시기까지 이르리니 그에게 모든 백성이 복종하리로다"(창49:10)

유다에 관한 예언입니다. 그의 후손으로부터 왕이 태어날 것이라는 축복의 예언입니다. 왜 그런 예언을 받았을까요? 유다는 사실 자랑할 것 없는 수치스런 삶을 살았습니다. 다만 다른 형제들에 비해 세 번에 걸쳐 십자가를 짊어진 적이 있습니다. 그런 삶의 분량을 알고 있던 야곱이었기에 하나님의 은총 속에서 그의 후손을 통해 왕이 태어날 것을 축복한 것입니다.

그 밖에 스불론, 잇사갈, 단, 갓, 아셀, 납달리도 야곱으로부터 축복의 예언을 받았습니다. 그런데 요셉은 원수 같은 이복형들과 화평의 삶을 살았기에 축복의 예언(창49:25)을 받았고, 그 동생 베냐민도 축복을 받았습니다. 단 지파는 삼손처럼 블레셋을 20년 동안 심판했지만 북왕국 이스라엘의 왕 여로보암이 단 지파의 땅에 황금송아지 우상을 세운 일이 있었습니다. 특별히 베냐민의 후손 중에는 사울 왕도 있었지만, 바울과 같은 주님의 종도 있었습니다.

그처럼 모든 예언은 과거와 현재의 살아가는 삶의 분량대로 주어졌습니다. 그렇기에 축복의 예언을 받았어도 그 삶이 어긋나면 닫힌 미래를 맞이할 수밖에 없고, 저주의 예언을 받았을지라도 하나님께 헌신하고 화평의 삶을 엮어가면 복된 미래가 열린다는 점입니다.

······························ **묵상할 말씀** ······························

"우리가 선을 행하되 낙심하지 말지니 포기하지 아니하면 때가 이르매 거두리라 그러므로 우리는 기회 있는 대로 모든 이에게 착한 일을 하되 더욱 믿음의 가정들에게 할지니라."(갈6:9~10)

"네가 보거니와 믿음이 그의 행함과 함께 일하고 행함으로 믿음이 온전하게 되었느니라."(약2:22)

Q7. 요셉은 왜 자기 유골을
가나안 땅으로 메고 올라가게 했을까?

야곱이 자기 생을 다하고 이제 숨을 거둡니다. 147세의 일기로 험악한 세월을 산 야곱이었습니다. 비록 그 삶이 힘들고 고달픈 나그네 세월이었지만 하나님의 소명을 이루는 삶이었습니다. 아브라함과 이삭과 야곱을 통해서 이루실 하나님 나라의 기반을 세운 통로였기 때문입니다.

앞서 살펴 본 것처럼 야곱이 하나님의 부름을 받기 전에 아들들에게 예언 기도를 해 줬습니다. 어떤 자식에게는 저주에 가까운 예언을, 다른 자식에게는 축복의 예언을 했습니다. 그것은 자식들의 삶의 분량에 따른 것이었습니다. 다만 축복의 예언 기도를 받았다 해도 교만하거나 신실치 못하면 닫힌 미래가 될 수 있고, 저주의 예언을 받았어도 그 삶을 의롭고 신실하게 가꿔나가면 열린 미래를 맞이할 수 있다고 했습니다.

그렇게 야곱이 축복과 저주의 예언을 한 후에, 그들에게 마지막으로 당부한 게 있었습니다. 자신의 시신에 관한 이야기였습니다. 자신이 죽으면 자신의 육신을 애굽 땅에 묻지 말고, 자신의 선조들이 묻혀 있고 자기 아내 레아가 묻혀 있는 가나안의 헤브론에 묻어달라고(창49:29~31) 말입니다.

그 이유가 무엇이었을까요? 단순히 그곳의 매장지가 좋기 때문이었을까요? 그곳이 바로 하나님께서 약속하신 땅이자 이스라엘 민족이 하나님의 언약 백성으로 살아갈 수 있는 믿음의 근거지였기 때문입니다. 그래서 야곱은 자신의 후손이 애굽 땅에 살고 있을지라도 머잖아 하나님께서 그들을 가나안 땅으로 인도하실 것을 바라보며 그것을 주문한 것이었습니다.

그런 유언과 함께 야곱이 죽자, 요셉은 여러 형들과 함께 호상꾼을 동원해 가나안 땅에 야곱의 시신을 묻었습니다. 그 후에 형들은 요셉을 두려워했습니다. 아버지 야곱이 살아 있을 때는 아버지의 그늘 때문에 형들을 보살펴 준 것이라 생각했기 때문입니다. 하지만 지금은 아버지가 죽었으니, 그 형들이 두려워할 수밖에 없었던 것입니다. 하지만 요셉은 아버지의 죽음 이후에도 결코 변함이 없었습니다.

어쩌면 그 또한 아버지의 유언을 받들고자 함임을 알 수 있습니다. 만일 아버지가 죽은 이후에 형들의 예견대로 요셉이 형들에게 보복했다면 어떻게 됐을까요? 이스라엘 12지파는 각기 다른 삶을 찾아 풀뿌리 흩어졌을지 모릅니다. 하지만 요셉은 아버지 야곱의 뜻을 하나님의 언약으로 받들면서 그들을 온전히 섬겼던 것입니다. 요셉의 그 삶은 하나님의 은혜에 대한 응답이자, 하나님 나라를 세우는 헌신의 밑거름이었습니다.

"요셉이 그의 형제들에게 이르되 나는 죽을 것이나 하나님이 당신들을 돌보시고 당신들을이 땅에서 인도하여 내사 아브라함과 이삭과 야곱에게 맹세하신 땅에 이르게 하시리라 하고 요셉이 또 이스라엘 자손에게 맹세시켜 이르기를 하나님이 반드시 당신들을 돌보시리니 당신들은 여기서 내 해골을 메고 올라가겠다 하라 하였더라"(창50:24~26)

요셉이 에브라임의 자손 3대를 보는 시점에 하나님의 부름을 받았습니다. 그때 요셉은 남은 형제들에게 자신의 유골을 가나안 땅으로 메고 올라가도록 당부했습니다. 왜죠? 실은 그것이 아버지 야곱의 유언을 받드는 길이자 하나님의 뜻에 순종하는 것임을 알았기 때문입니다.

훗날 요셉을 알지 못하는 새로운 파라오가 등극했을 때 이스라엘 자손은 고된 노역에 시달렸습니다. 그로부터 400년 후에 하나님의 은혜로 그 자손은 애굽에서 나왔습니다. 그때 모세가 요셉의 유골을 취해 올라갔습니다(출13:19, 히11:22).

요셉의 죽음과 관련된 창세기의 마지막 부분을 통해 깨닫게 된 바가 무엇일까요? 창세기 37장~50장까지 요셉을 중점적으로 그렸지만, 아버지 야곱이 요셉의 울타리가 되지 않았다면, 하나님께서 그를 품지 않았다면 그는 결코 존재할 수 없었다는 점입니다. 더욱이 요셉의 버팀목이 된 아버지 야곱, 이삭, 그리고 선조 아브라함과 맺으신 하나님의 언약(창15:13~21)은 어떤 상황에서도 신실하게 이행하신다는 사실입니다. 그만큼 하나님의 은혜 없이는 그 어떤 인간도 온전할 수 없다는 것을 일깨워주신 것입니다.

·················· **묵상할 말씀** ··················

"믿음으로 요셉은 임종 시에 이스라엘 자손들이 떠날 것을 말하고 또 자기 뼈를 위하여 명하였으며."(히11:22)

"그러므로 당신들은 주 당신들의 하나님이 참 하나님이시며 신실하신 하나님이심을 알아야 합니다. 주님을 사랑하고 주님의 계명을 지키는 사람에게는, 천 대에 이르기까지 그의 언약을 지키시며, 또 한결같은 사랑을 베푸시는 신실하신 하나님이심을 알아야 합니다."(신7:9, 새번역)

에필로그

지난 6년 전 목포 자유로교회에 부임해서 새벽예배 때 창세기 부터 계시록까지 차례로 한 장씩 읽어나가면서 말씀을 묵상하며 나눴습니다. 2020년, 올해 들어 또 한 번 창세기를 묵상하고 연구 할 기회가 있었습니다. 바로 그런 점들을 토대로 더 많은 자료를 참조해서 이번에 이 책을 엮어낸 것입니다.

이 책은 구약성경의 창세기를 토대로 하기 때문에 유대인의 관 점을 좀 더 알고자 애를 썼습니다. 세계적인 사본학 전공자인 저 의 스승 김경래 교수님의 책을 기반으로 한 이유도 그 때문입니 다. 다만 그분의 책에 나오지 않는 부분들은 대부분 해외 사이트 를 참조했습니다. 그 중 '카바드'(https://www.chabad.org), 토라 리소스(https://torahresource.com), 세파리아(sefaria.org/?home) 사이트 등을 알게 된 것은 성령님의 크신 은혜였습니다. 그것들은 유대 문헌의 보고(寶庫)임과 동시에 '메시아닉쥬'(Messianic Jew) 의 관점으로 창세기를 해석한 독특한 점도 있습니다.

물론 이 책을 읽다 보면 이전에 읽었던 부분들과 겹칠 수도 있을 것입니다. 하지만 제 나름대로 창세기를 읽고 묵상하고 연구하면서 궁금했던 부분에 초점을 맞춘 내용입니다. 그만큼 색다른 점들도 많을 것입니다. 아울러 각각의 질문을 통해 해답을 제시하는 그 본문의 마지막 부분에 '묵상할 말씀'도 넣었습니다. 제 자의적인 관점이지만, 본문 내용을 좀 더 확장해서 묵상하는데 상당한 도움이 될 것입니다. 그만큼 이 책은 성경공부 교재로 사용하는데도 손색이 없을 것입니다.

이 책이 나오기까지 도움을 준 분들이 많습니다. 그 중에서도 펀딩해 주신 분들이 있는데, 목회자와 일반 성도가 있어 존칭은 생략하고 이름만 밝힙니다. 박상렬, 박철수, 박유정, 김광석, 김인홍, 오영환, 박승은, 박연기, 강안일, 서석희, 전유신, 문완철, 김권영, 이예지, 양성택, 곽찬영, 허문경, 이기윤, 박성훈, 이순성, 안상준, 배상운, 박진성, 지홍구, 이상조, 박은호, 홍주성, 권명성, 권철운, 김석오, 김상갑, 정정문, 성운영 등입니다. 아울러 이 책의 주춧돌이자 버팀목이라 할 수 있는 자유로교회 교우들에게 감사를 드립니다. 그리고 사랑하는 아내 김하형과 민주와 민웅이와 민혁이에게도 고마움을 전합니다.

각주자료

1) https://www. planobiblechapel. org/tcon/notes/html/ot/genesis/genesis. htm

2) 에스라는 모세의 율법에 익숙한(스7:6) 학자였다고 소개하는데, 바벨론
포로기 이전에 이미 두루마리로 된 모세오경이 존재한 것을 알 수 있습니다.
김경래 교수는 〈사본들을 통해 보는 성경〉(전주대출판부·1997)에서
B.C.6~4세기 경에 '원(原) 마소라 본문'이 존재했을 것으로 여기고 있습니다.

3) 노아의 방주에 들어간 동물의 수를 놓고서도 문서설을 이야기하는
비평학자들은 J문서(창7:2)와 P문서(창6:19~20, 7:15~16)가 있다고 말하지만,
김경래 교수는 〈구약성경 난제 I〉(대장간·1998)을 통해 그런 내용들이 히브리
문학에서 대구를 이루는 반복어법(76~80쪽)으로 자주 발견되는 부분이라고
설명하고 있습니다.

4) 이 내용은 주원준, 〈구약성경과 신들〉(한님성서연구소·2012)을 읽으면 많은
도움을 받을 수 있습니다.

5) 우종학, 〈과학시대의 도전과 기독교의 응답 〉(새물결플러스·2017)을 읽으면
도움이 될 것입니다.

6) https://weekly-parashah. s3-us-west-2. amazonaws. com/parashah-001. pdf.

7) 김경래, 〈구약성경의 맥을 따라서〉(대장간·1997), 22쪽 참조.

8) https://www. christiantoday. co. kr/news/249318 이 사이트를 보면 첫째날의
빛에 대한 다양한 해석의 역사성을 참조할 수 있습니다.

9) 평샹, 〈창세기, 인문의 기원〉(글항아리·2016), 44쪽.

10) 이상준, 〈히브리어 속에 숨겨진 복음〉(버드나무·2015), 183.

11) https://www. hebrew4christians. com/Scripture/Parashah/Summaries/
Bereshit/Shabbat/shabbat. html.

12) 이재철, 〈새신자반〉(홍성사·2009), 50~60쪽 참조.

13) https://www. studylight. org/lexicons/hebrew/06083. html

14) http://www. podbbang. com/ch/16106 2화 참조.

15) https://www.studylight.org/lexicons/hebrew/01598.html

16) https://www.newworldencyclopedia.org/entry/Garden_of_Eden

17) https://www.studylight.org/lexicons/hebrew/05647.html

18) https://bibleatlas.org에 들어가 Bible Mapper WebViewer에서 직접 지명을 검색하여 내려받은 것입니다. https://biblemapper.com/gallery.html의 지도를 참조했음.

19) https://www.blueletterbible.org/faq/don_stewart/don_stewart_705.cfm

20) https://www.blueletterbible.org/lang/lexicon/lexicon.cfm?Strongs=H1966&t=KJV

21) http://egloos.zum.com/lsm20418/v/3020657

22) 버드나무말씀연구회, 〈진실사전1〉(버드나무·2014), 126쪽 참조.

23) https://www.studylight.org/lexicons/hebrew/02459.html

24) https://www.chabad.org/library/bible_cdo/aid/8168/showrashi/true

25) https://www.studylight.org/lexicons/hebrew/03824.html

26) https://www.blueletterbible.org/lang/lexicon/lexicon.cfm?strongs=H582&t=KJV

27) http://blog.daum.net/woonju-lee/3794 참조.

28) http://www.abrahampark.com/kor/edu_data/4118

29) https://biblehub.com/jps/genesis/6.htm

30) https://www.studylight.org/lexicons/hebrew/08549.html

31) https://www.biblestudytools.com/dictionary/cubit/

32) https://answersingenesis.org/noahs-ark/how-long-was-the-original-cubit/

33) https://arkencounter.com/blog/2019/01/17/how-big-was-noahs-ark/

34) http://www.thetruthlighthouse.org의 '음부강하' 내용 참조.

35) 이재철, 〈사명자반〉(홍성사·2013). 230~231쪽 참조.

36) 켄 가이어, 〈영혼의 창〉(두란노·2010) 참조.

37) https://www.chabad.org/library/article_cdo/aid/113425/jewish/What-Is-Kosher.htm

38) https://brunch.co.kr/@juneleerk9b/36 이 사이트는 코셔와 할랄에 관한 공통점과 다른 점을 알아볼 수 있게 해 줍니다.

39) https://www.yna.co.kr/view/AKR20160626056900009

40) 나중에 레위기와 관련된 책을 낼 때 밝히겠지만, 하나님께서 구약의 음식법을 통해 구별되게 살게 하신 이유가 있습니다. https://blog.naver.com/littlechri/222041342131 참조.

41) 김경래, 〈구약성경 난제 I〉(대장간·1998), 81~84쪽 참조.

42) 크리스토퍼 라이트, 〈성경의 핵심 난제들에 답하다〉(새물결플러스·2013)

43) https://bibleatlas.org에 들어가 Bible Mapper WebViewer에서 직접 지명을 쳐 내려받은 것입니다.

44) 나중에 민수기와 관련된 책을 펴낼 때 밝히겠지만 "모세가 구스 여자를 취했다"(민12:1)는 부분에 대해 칠십인역(LXX)과 벌게잇(Vulgate)은 '구스'를 '에티오피아'로 번역하지만 탈굼역(Targums)은 '구스'를 '아름답다'는 의미로 십보라와 동일시하고 있습니다. 에티오피아 사람의 피부색이 눈에 띄듯이 십보라가 눈부실 정도로 아름다웠다는 뜻입니다. 그만큼 미리암은 모세가 십보라의 육체에 취해 하나님의 뜻을 온전히 대변치 못한다고 중상 모략코자 했던 배경 속에 있는 구절입니다.
-https://weekly-parashah.s3-us-west-2.amazonaws.com/parashah-108.pdf
-https://www.sefaria.org/Numbers.12.1?lang=bi&with=Ein%20Yaakov%20(Glick%20Edition)&lang2=bi

45) https://bibleatlas.org에 들어가 Bible Mapper WebViewer에서 직접 지명을 쳐 내려받은 것입니다.

46) 유대인은 스물 네 권(39권)의 구약성경만 정경으로 인정합니다. 모세가 시내산에서 받은 '기록된 토라'(성문율법) 외에 조상 대대로 내려온 '입에 의한 토라'(구전율법)도 있습니다. 그 구전율법을 에스라 이후 주후 7세기까지 대략 천 년간 집성하여 성문화했는데 그것이 '미슈나'입니다. 그 미슈나에 대해 주후3~6세기에 걸쳐 주석을 편집했는데 그것이 '탈무드'입니다. 그리고 미슈나 및 탈무드와 동시대에 편찬한 '미드라쉬'가 있는데, 미슈나가 전래법 문제를

다뤘다면 미드라쉬는 성문율법의 주석서입니다. 김경래, 〈유대인의 보고〉(전주대학교출판부·1997), 13~14쪽 참조.

47) https://jwa.org/encyclopedia/article/sarah-midrash-and-aggadah

48) https://bibleatlas.org에 들어가 Bible Mapper WebViewer에서 직접 지명을 처 내려받은 것입니다.

49) https://weekly-parashah.s3-us-west-2.amazonaws.com/parashah-012.pdf

50) https://blog.naver.com/littlechri/221992047671 출애굽기와 관련된 책을 펴낼 때 언급할 수 있겠지만 시내산 언약은 '피 뿌림의 언약' 곧 '성찬식의 언약'과 같은 격입니다.

51) http://www.podbbang.com/ch/16106 21화 참조.

52) https://www.chabad.org/library/article_cdo/aid/112053/jewish/Hagar.htm

53) 버드나무말씀연구회 이상준 역, 〈야살의 책1〉(이스트윈드·2015), 123쪽 참조.

54) https://www.chabad.org/library/article_cdo/aid/112357/jewish/Isaac-The-Second-Patriarch-of-the-Bible.htm

55) 김경래, 〈구약성경의 맥을 따라서〉(대장간·1997), 47쪽 참조.

56) http://www.jewishencyclopedia.com/articles/9293-keturah

57) https://www.biu.ac.il/JH/Parasha/eng/chaye/sha.html

58) https://www.chabad.org/parshah/article_cdo/aid/4171660/jewish/Who-Was-Keturah-and-Why-Did-Abraham-Marry-Her.htm

59) https://www.hebrew4christians.com/Articles/Passion/passion.html

60) 버드나무말씀연구회 이상준 역, 〈야살의 책1〉(이스트윈드·2015), 163쪽.

61) https://www.chabad.org/library/article_cdo/aid/112357/jewish/Isaac-The-Second-Patriarch-of-the-Bible.htm

62) https://weekly-parashah.s3-us-west-2.amazonaws.com/parashah-023.pdf

63) https://www.biblestudytools.com/commentaries/gills-exposition-of-the-bible/genesis-25-34.html

64) https://www.studylight.org/language-studies/difficult-sayings.html?article=483

65) https://www.blueletterbible.org/lang/lexicon/lexicon.cfm?strongs=H1641&t=KJV

66) https://www.etzion.org.il/en/yitzchak%E2%80%99s-meal

67) 에서가 마할랏을 아내로 삼은 것은 부모에게 긍정적인 면을 보이고자 한 점도 없잖아 있을 것입니다.

   https://www.etzion.org.il/en/moral-dimension-story-yitzchaks-blessings

68) https://elmad.pardes.org/2012/11/parshat-vayishlach-oak-of-weeping/

69) https://bibleatlas.org에 들어가 Bible Mapper WebViewer에서 직접 지명을 검색하여 내려받은 것입니다.

70) https://www.sefaria.org/Genesis.37.2?lang=bi&with=Targum%20Jonathan%20on%20Genesis&lang2=en

71) https://www.chabad.org/library/bible_cdo/aid/8232/showrashi/true

72) https://weekly-parashah.s3-us-west-2.amazonaws.com/parashah-034.pdf

73) https://www.blueletterbible.org/lang/lexicon/lexicon.cfm?Strongs=H8104&t=KJV

74) https://blogs.timesofisrael.com/who-knows-twelve-parashat-vayetze-5777/

75) http://www.jewishencyclopedia.com/articles/15167-zaphnath-paaneah

76) https://jwa.org/encyclopedia/article/dinah-midrash-and-aggadah

77) 장 피에르 드 코사드, 〈자기 포기〉(은성·2017) 참조.

78) https://www.studylight.org/lexicons/hebrew/0672.html

79) https://www.chabad.org/parshah/in-depth/plainBody_cdo/MosadTitle2/Chabad.org/AID/2242/SagesID/2241

80) https://blog.naver.com/littlechri/222020938897

81) https://blog.naver.com/littlechri/221928651662

참고자료

1. 국내도서

김경래, 〈사본들을 통해 보는 성경〉(전주대출판부), 1997.

김경래, 〈유대인의 보고〉(전주대학교출판부), 1997.

김경래, 〈구약성경 난제 I〉(대장간), 1998.

김경래, 〈구약성경의 맥을 따라서〉(대장간), 1997.

주원준, 〈구약성경과 신들〉(한님성서연구소), 2012.

우종학, 〈과학시대의 도전과 기독교의 응답 〉(새물결플러스), 2017.

이상준, 〈히브리어 속에 숨겨진 복음〉(버드나무), 2015.

이재철, 〈새신자반〉(홍성사), 2009.

이재철, 〈사명자반〉(홍성사), 2013.

크리스토퍼 라이트, 〈성경의 핵심 난제들에 답하다〉(새물결플러스), 2013.

버드나무말씀연구회 이상준 역, 〈야살의 책1〉(이스트윈드), 2015.

버드나무말씀연구회, 〈진실사전1〉(버드나무), 2014.

평샹, 〈창세기, 인문의 기원〉(글항아리), 2016.

켄 가이어, 〈영혼의 창〉(두란노), 2010.

장 피에르 드 코사드, 〈자기 포기〉(은성), 2017.

2. 국내 사이트

http://www.podbbang.com/ch/16106(성서학연구소 비블리아)

http://blog.daum.net/woonju-lee/3794(이원주의 개인 블로그)

http://www.thetruthlighthouse.org(개혁신앙 사이트)

http://www.abrahampark.com(구속사 사이트)

https://blog.naver.com/littlechri(권성권의 개인 블로그)

3. 해외 사이트

https://www.blueletterbible.org(성경원어와 그 단어의 어근, 다양한 번역본)

https://www.studylight.org(성경원어와 그 단어의 배경 설명)

https://www.chabad.org (구약성경의 다양한 배경과 라쉬 주석)

https://torahresource.com(메시아닉쥬 관점으로 모세오경 해석)

https://www.sefaria.org/new-home(수많은 유대문헌의 보고)

https://biblehub.com(신구약성경의 주석과 설교자료)

http://www.jewishencyclopedia.com(성경사전)

http://planobiblechapel.org/soniclight(신구약성경 구조 분석)

https://www.hebrew4christians.com(메시아닉쥬 관점으로 단어 해석)

https://www.etzion.org.il/en(미드라쉬에 관한 다양한 관점)

https://www.bible-history.com(성서의 역사 및 지리)

https://answersingenesis.org(창세기의 갖가지 질문과 대답)

https://arkencounter.com(노아의 방주 사이트)

https://jwa.org(유대인 여성 연구)

http://www.jtsa.edu/(구약성경의 학문적 관점)

https://bibleatlas.org(구글로 성경지도 직접 그려 다운 가능)

에덴동산에서 쫓겨난 것은 저주인가

초판 1쇄 2020년 12월 15일

지은이 | 권성권

퍼낸곳 | 바른책
발행인 | 고민정
주 소 | 서울특별시 중구 을지로 14길 20, 5층
홈페이지 | www.bareunbook.com
이메일 | contact@koreaebooks.com
전 화 | 1600-2591
팩 스 | 0507-517-0001
원고투고 | edit@koreaebooks.com
출판등록 | 제2017-000046호

ISBN 979-11-88561-07-0 (03230)